Britta Kummer

Malbuch für Senioren im Format 21 x 21

Satz: Britta Kummer
Covergestaltung: Britta Kummer
Foto privat
Bilder:
KI generiert, Pixabay https://pixabay.de/

Webseite: http://brittasbuecher.jimdofree.com
E-Mail: info.britta-kummer@t-online.de

ISBN: 978-3-7583-4270-7

Verlag:
BoD · Books on Demand GmbH, In de Tarpen 42, 22848 Norderstedt, bod@bod.de
Druck:
Libri Plureos GmbH, Friedensallee 273,22763 Hamburg
www.bod.de

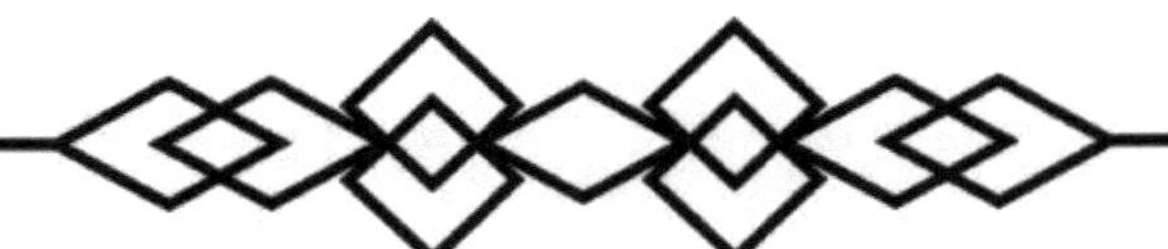

Dieses Buch gehört

....

**Gestalten Sie das Buch farblich
so, wie es Ihnen gefällt und
lassen Ihrer Kreativität freien Lauf.**

Viel Freude dabei!

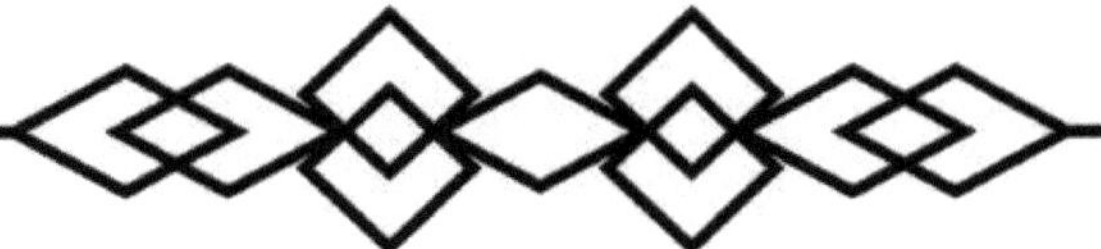

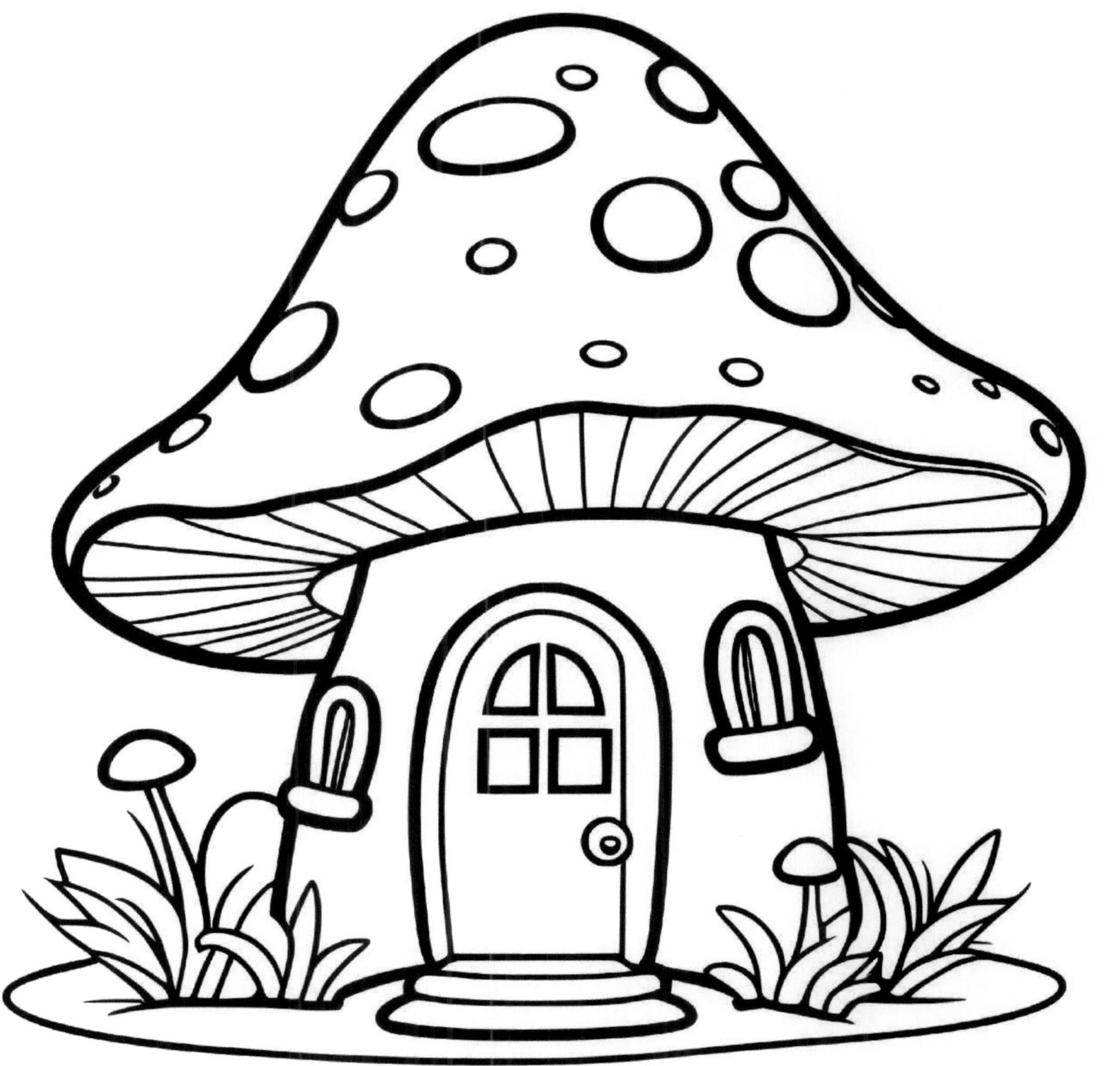

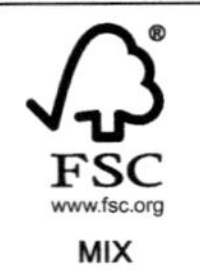
FSC
www.fsc.org
MIX
Papier aus ver-
antwortungsvollen
Quellen
Paper from
responsible sources
FSC® C105338

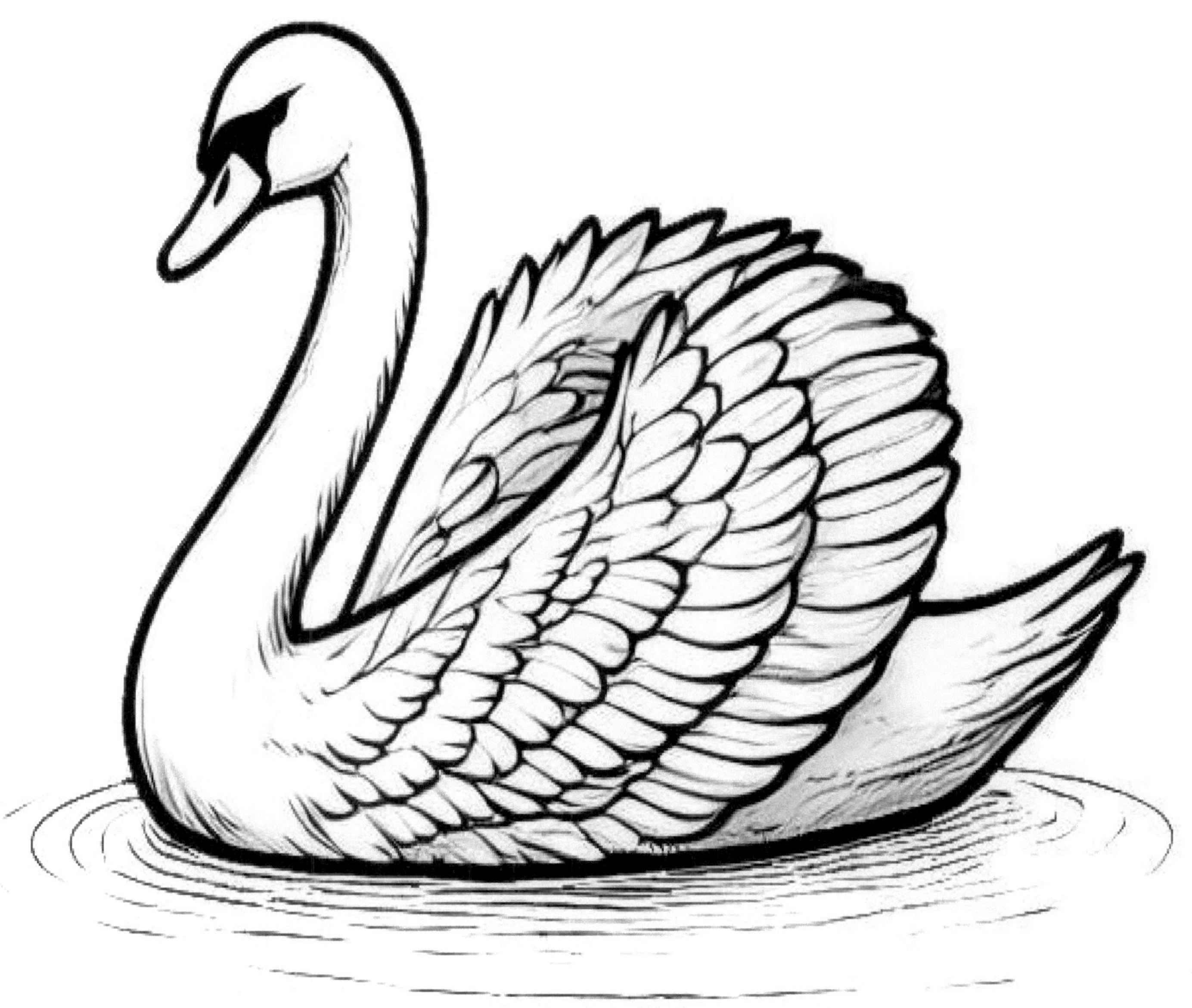

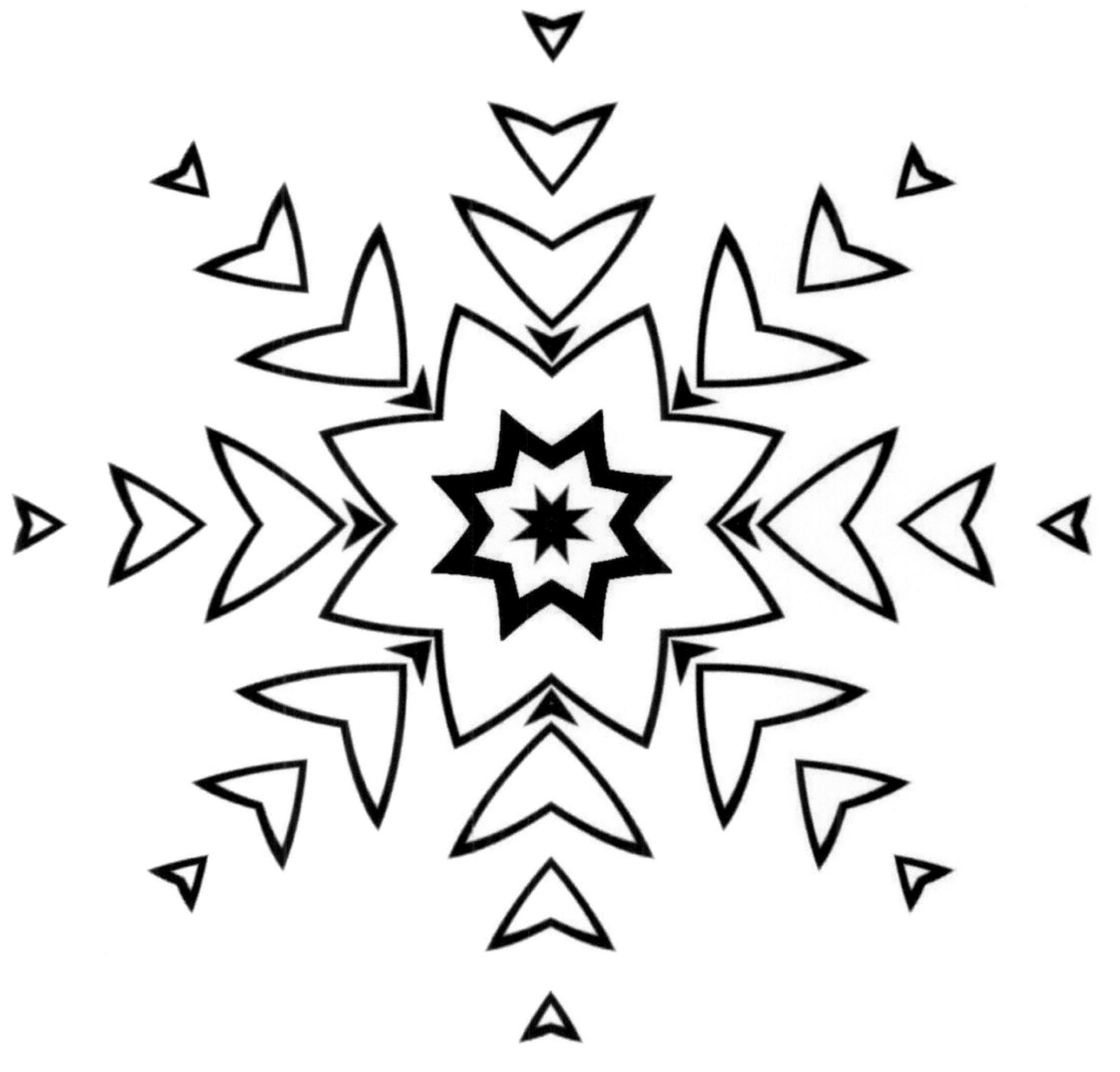

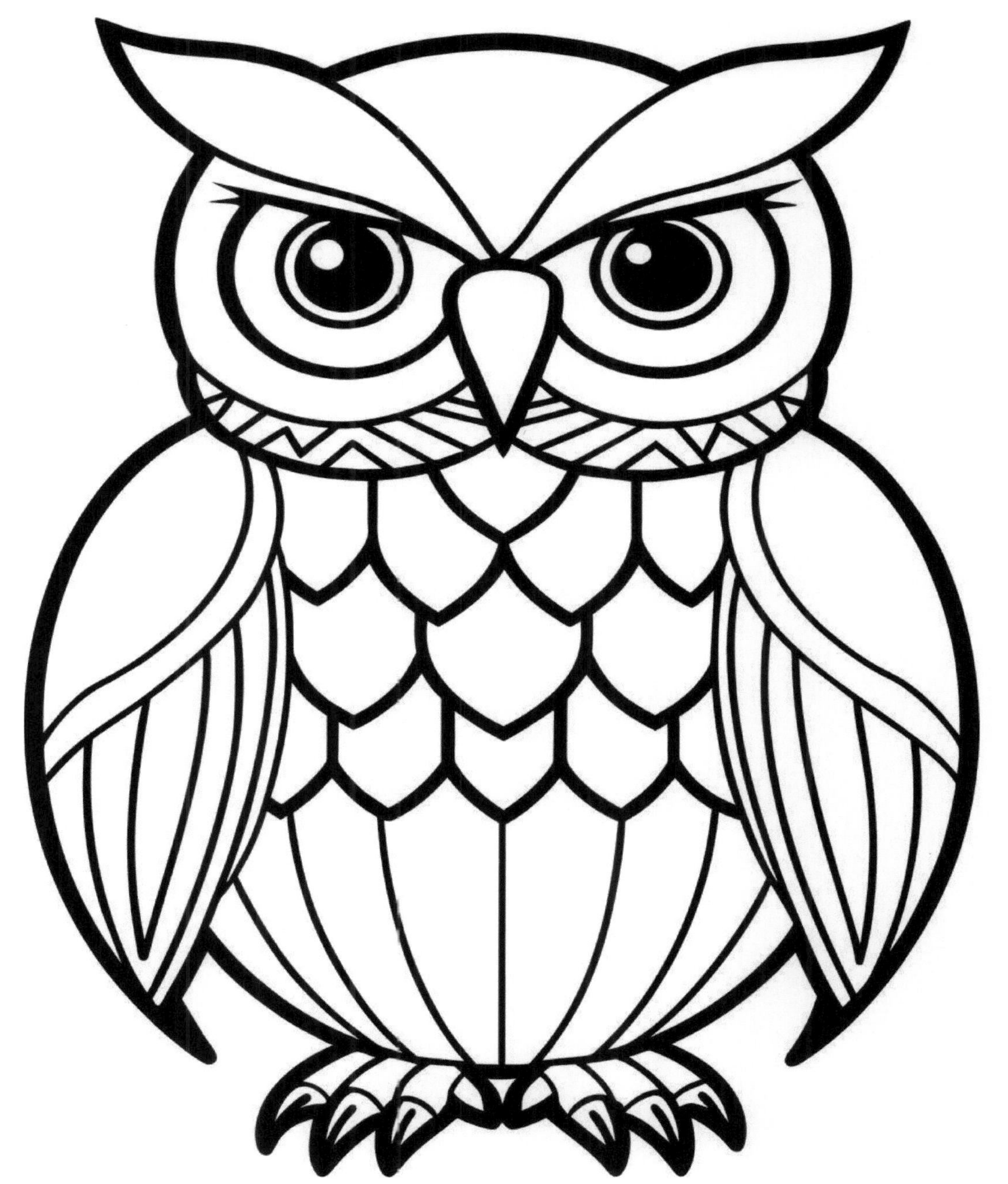

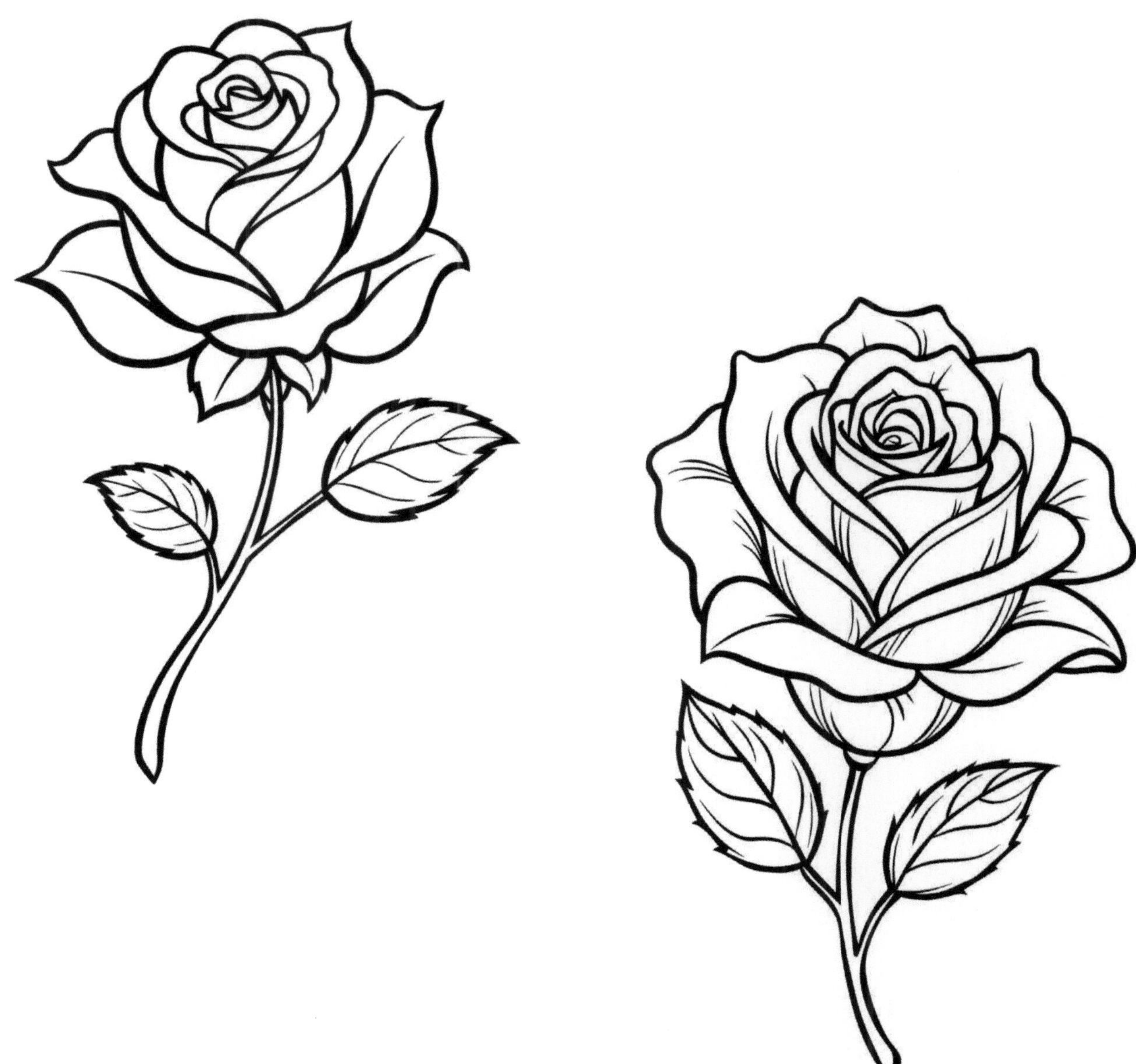

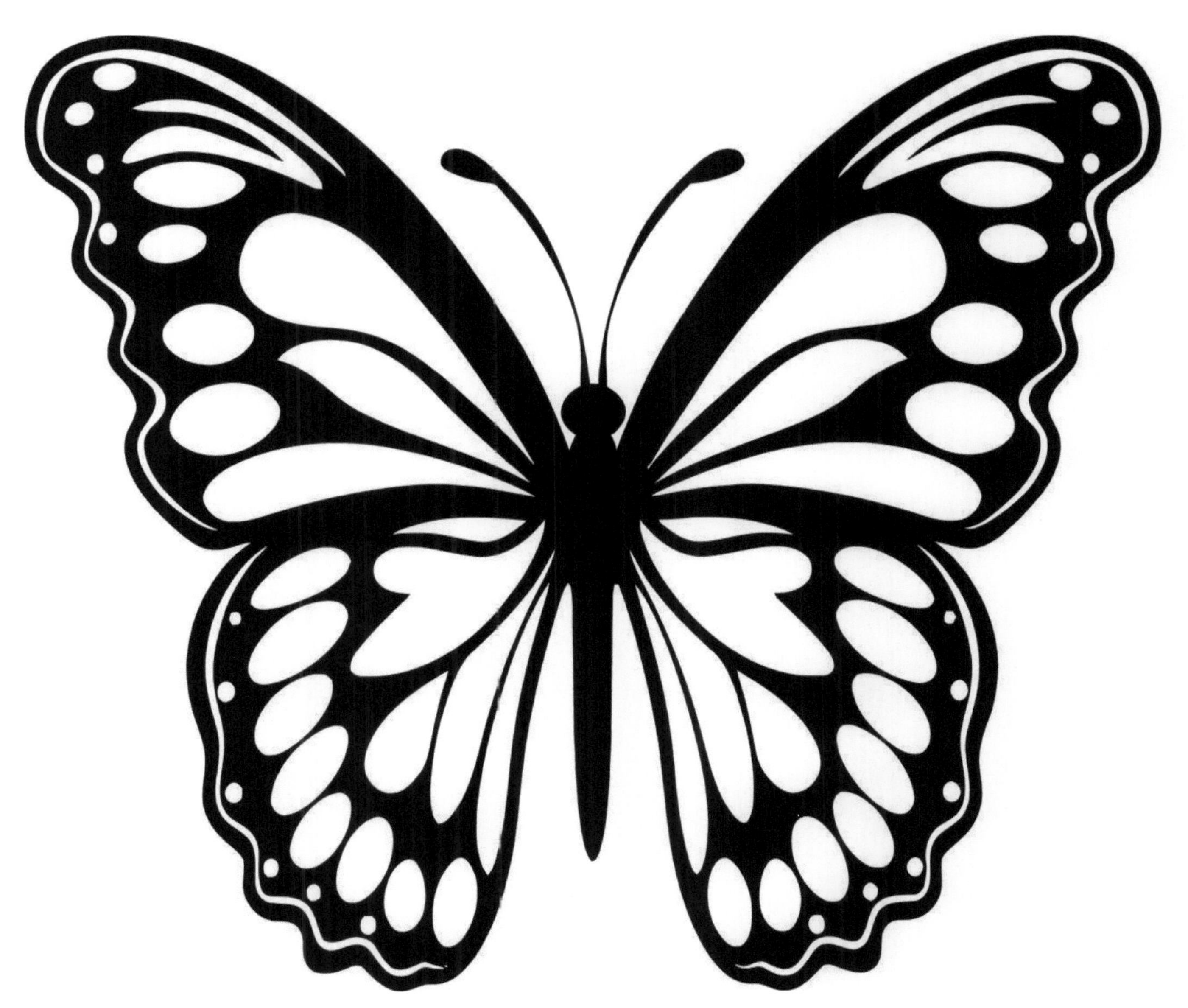

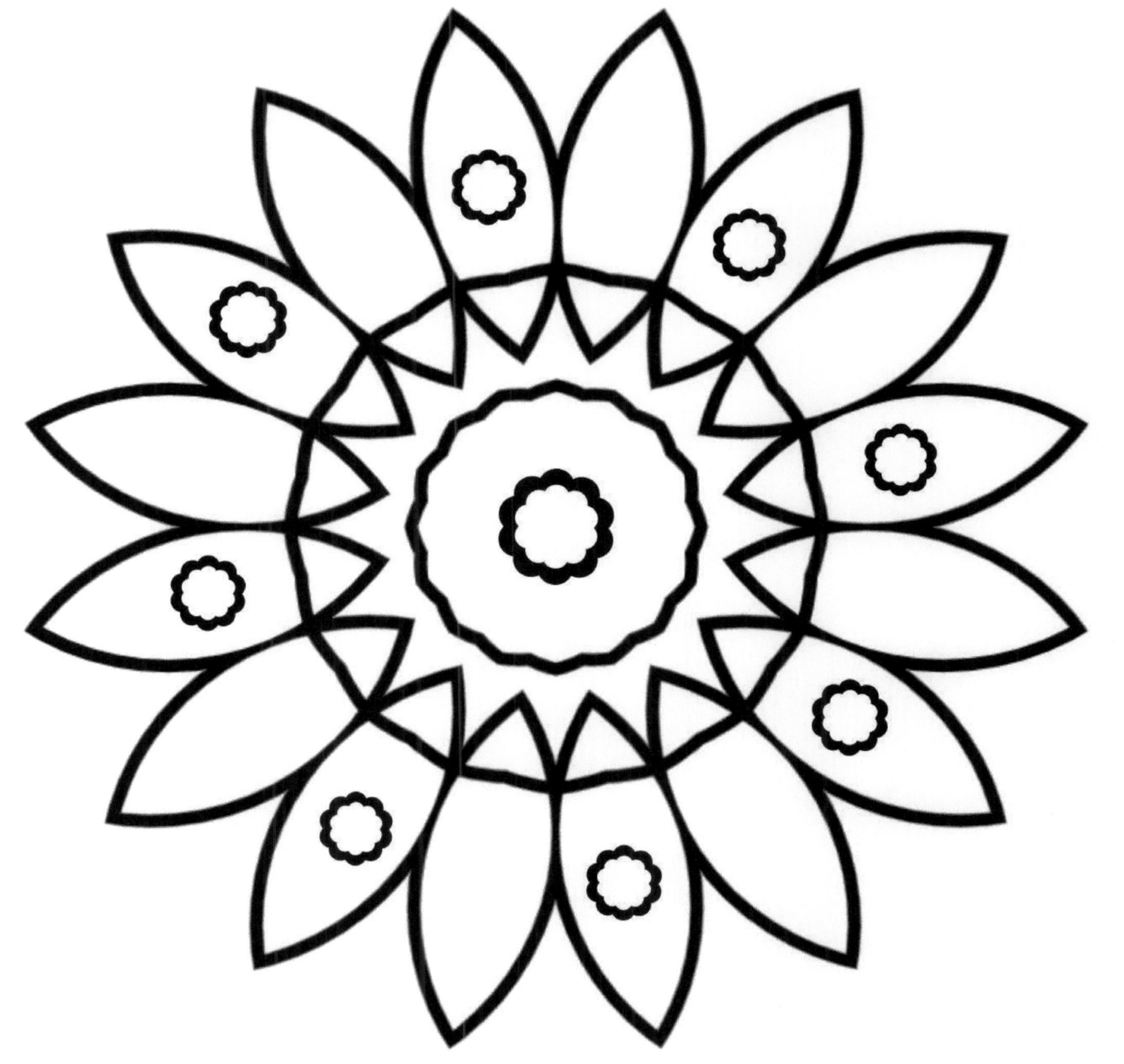

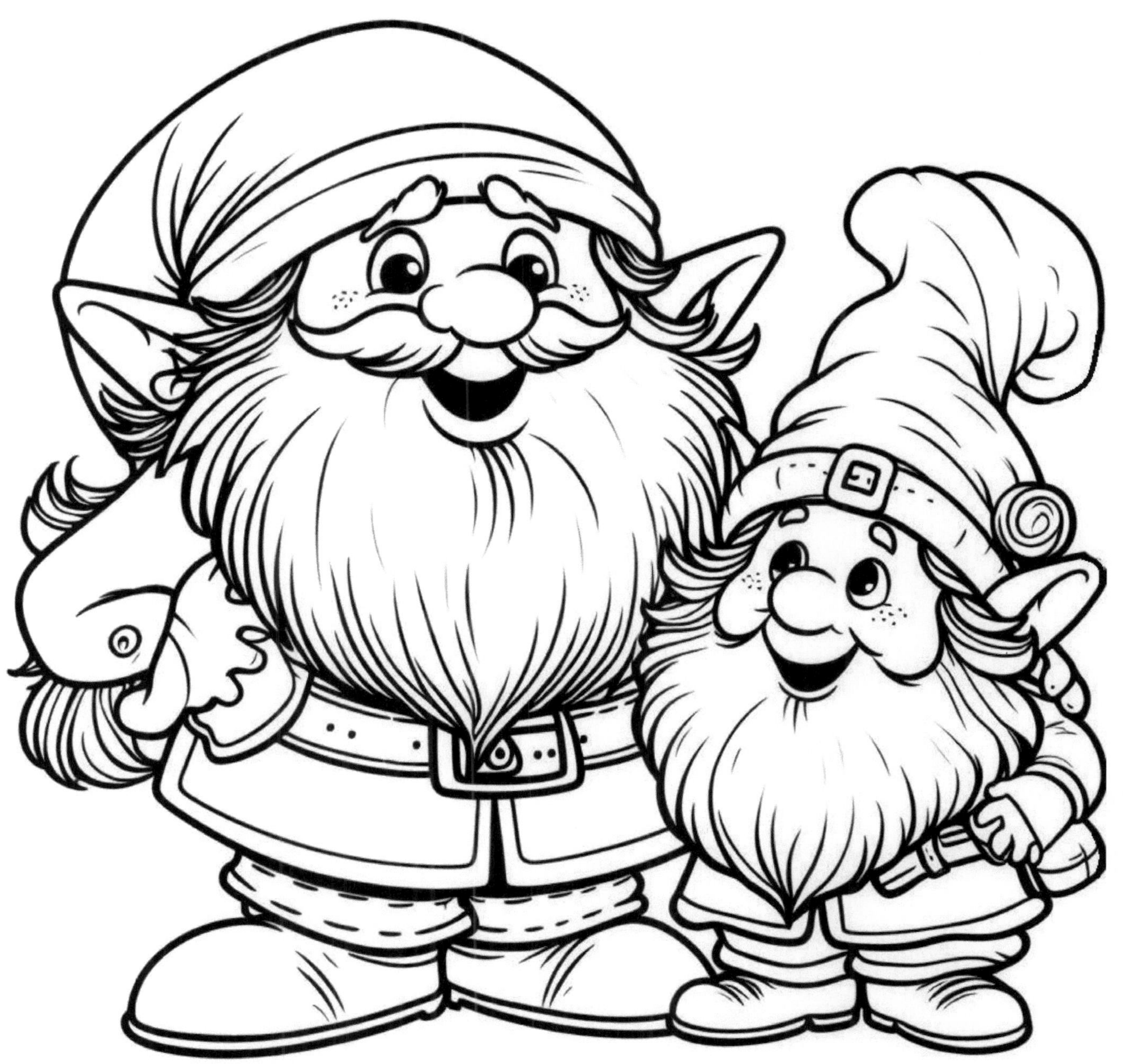

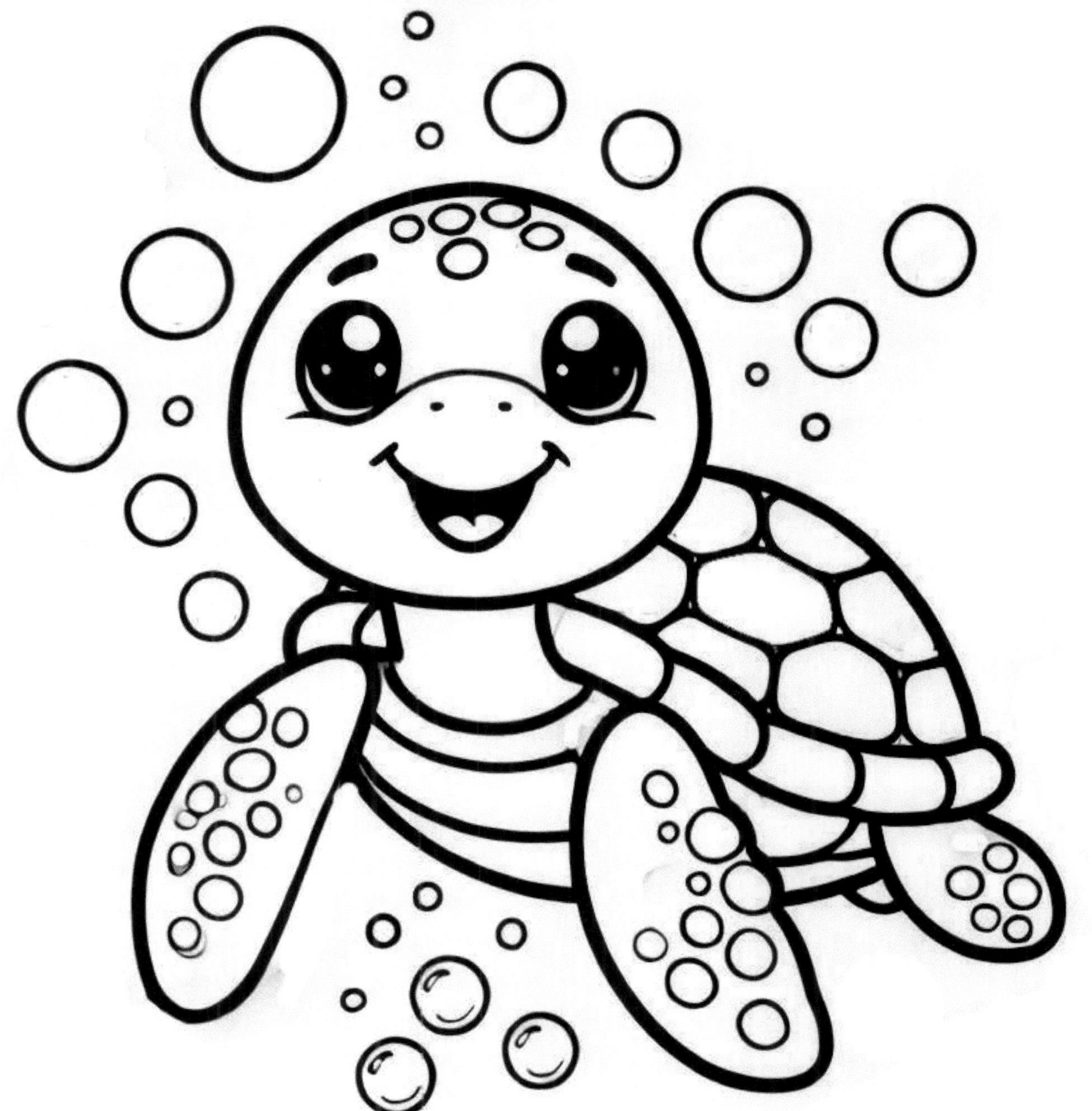

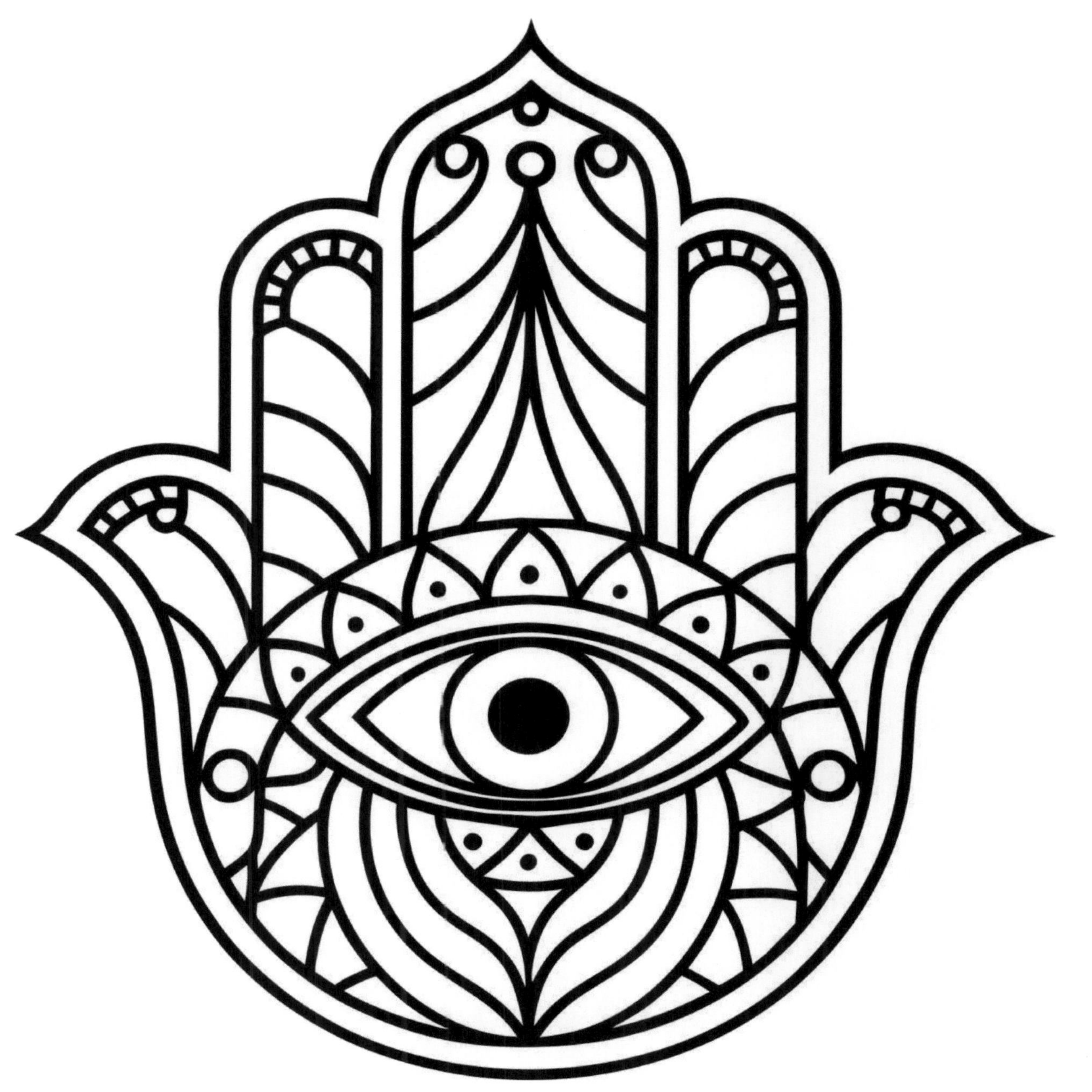

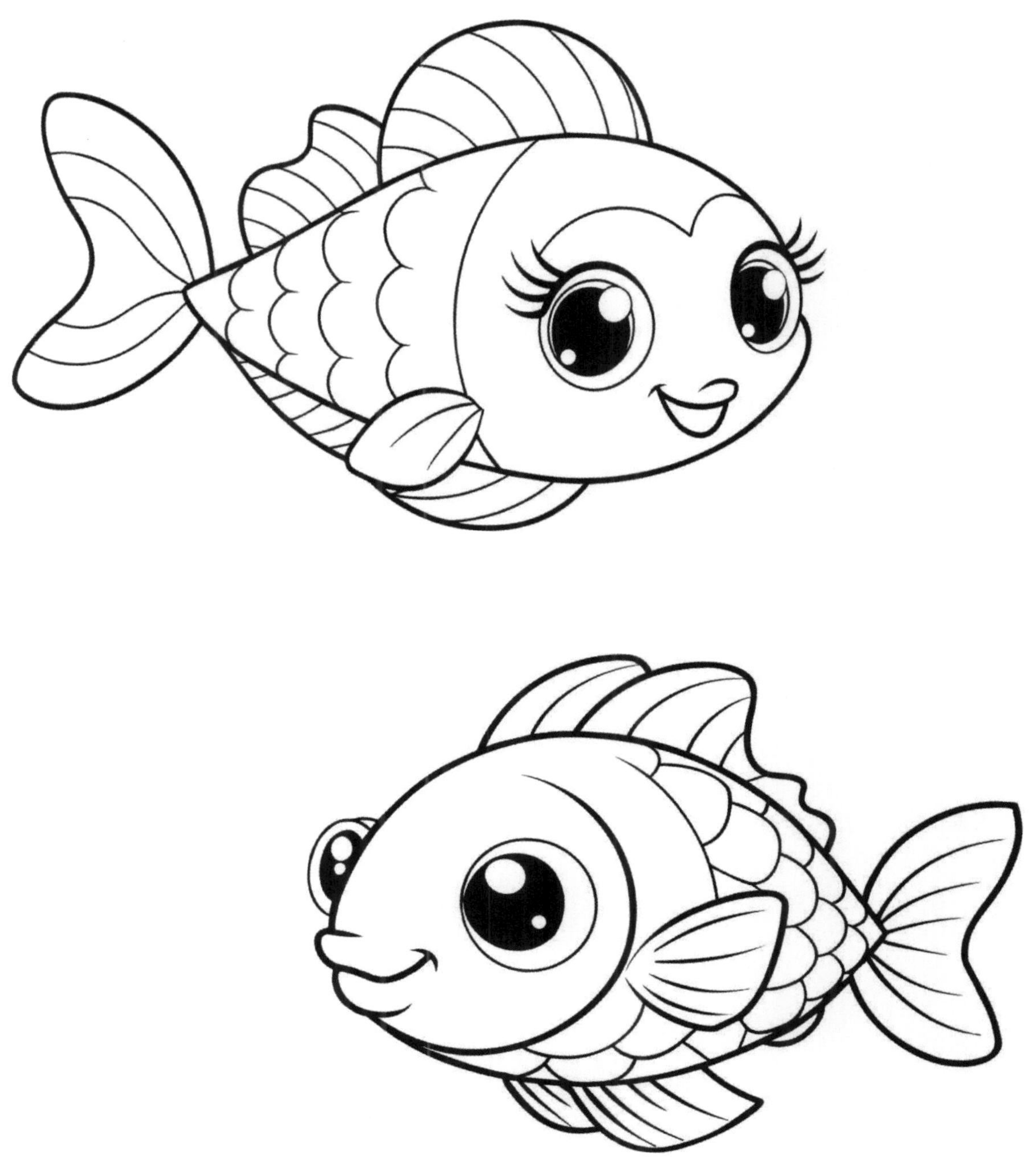

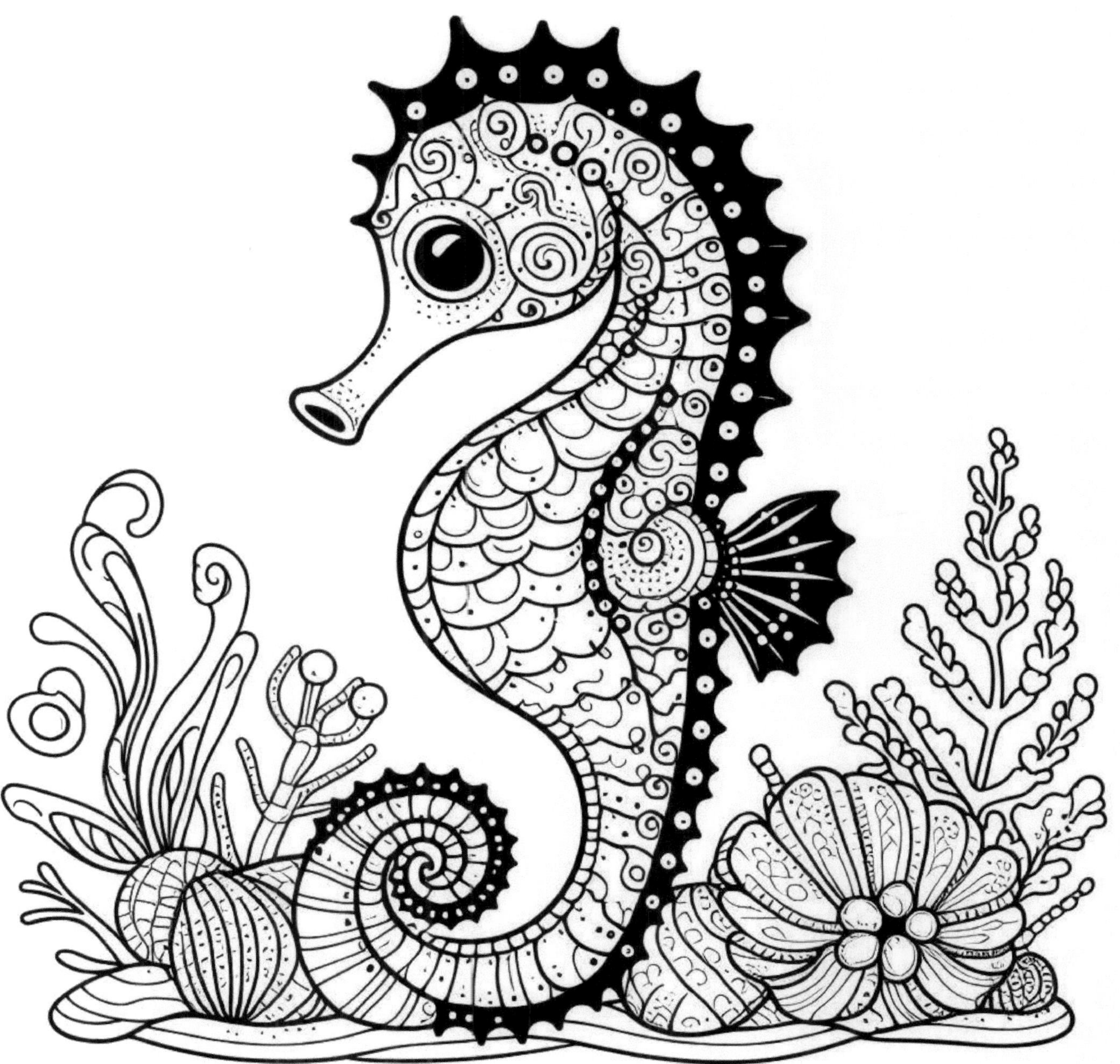

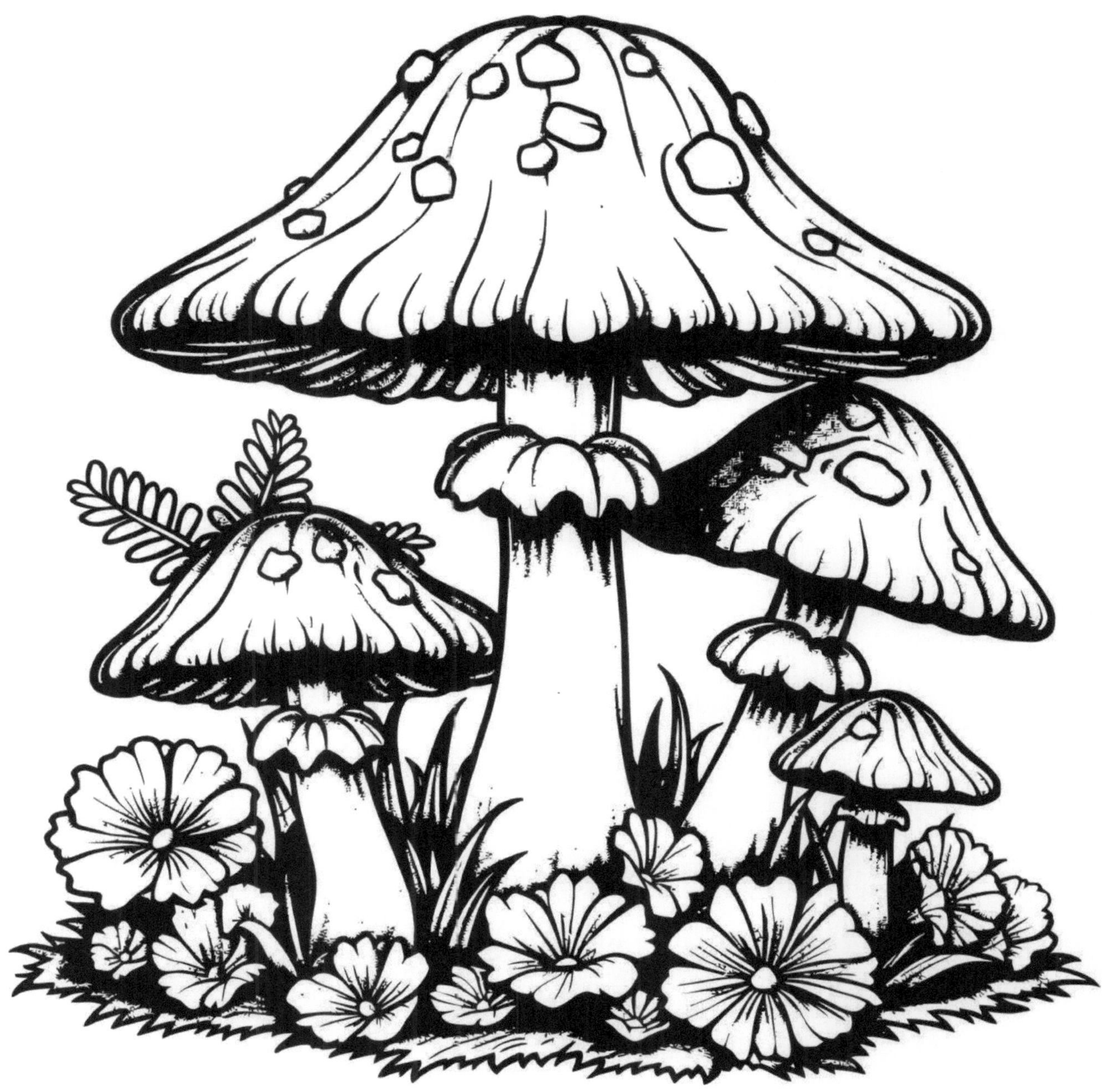

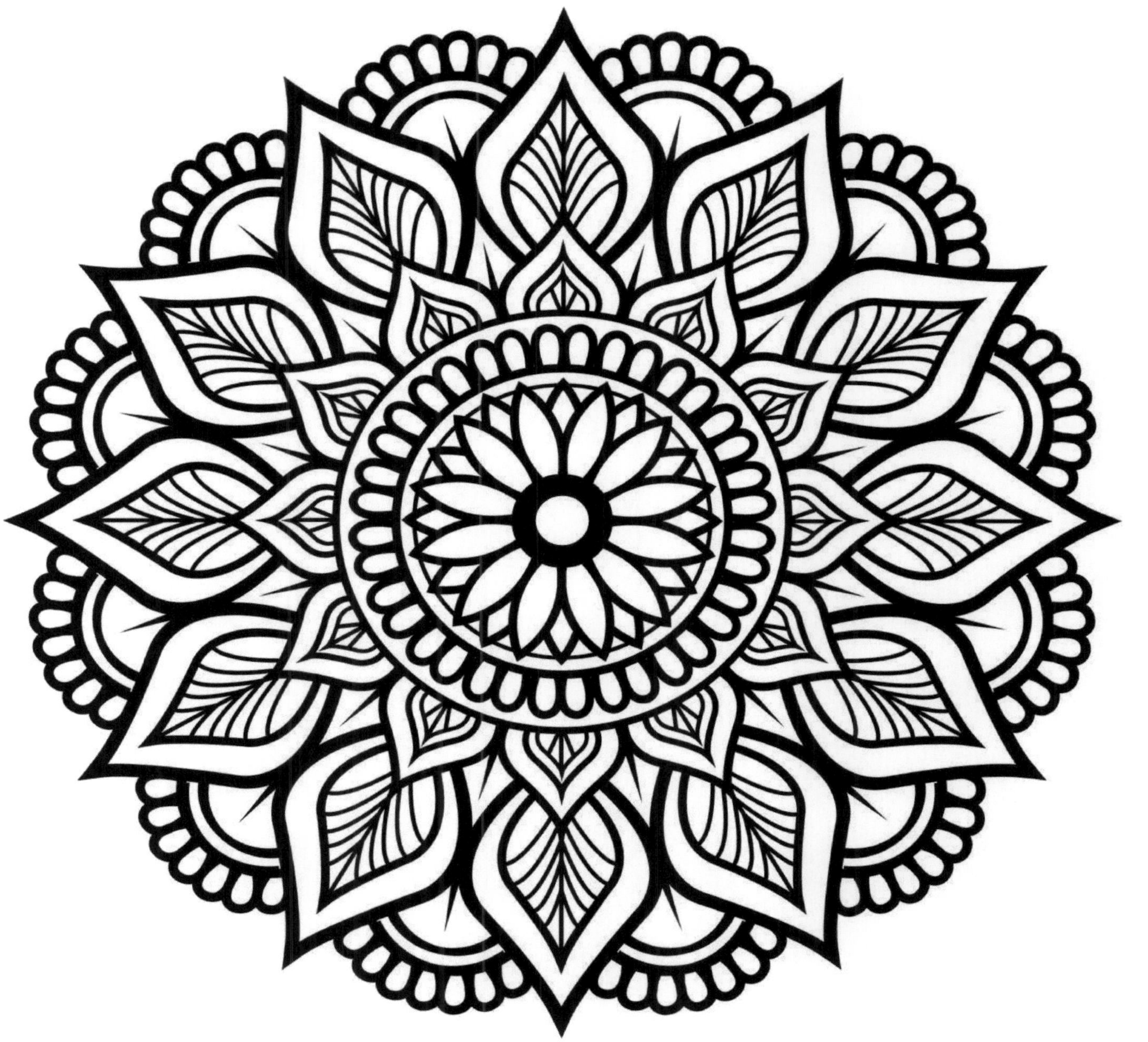

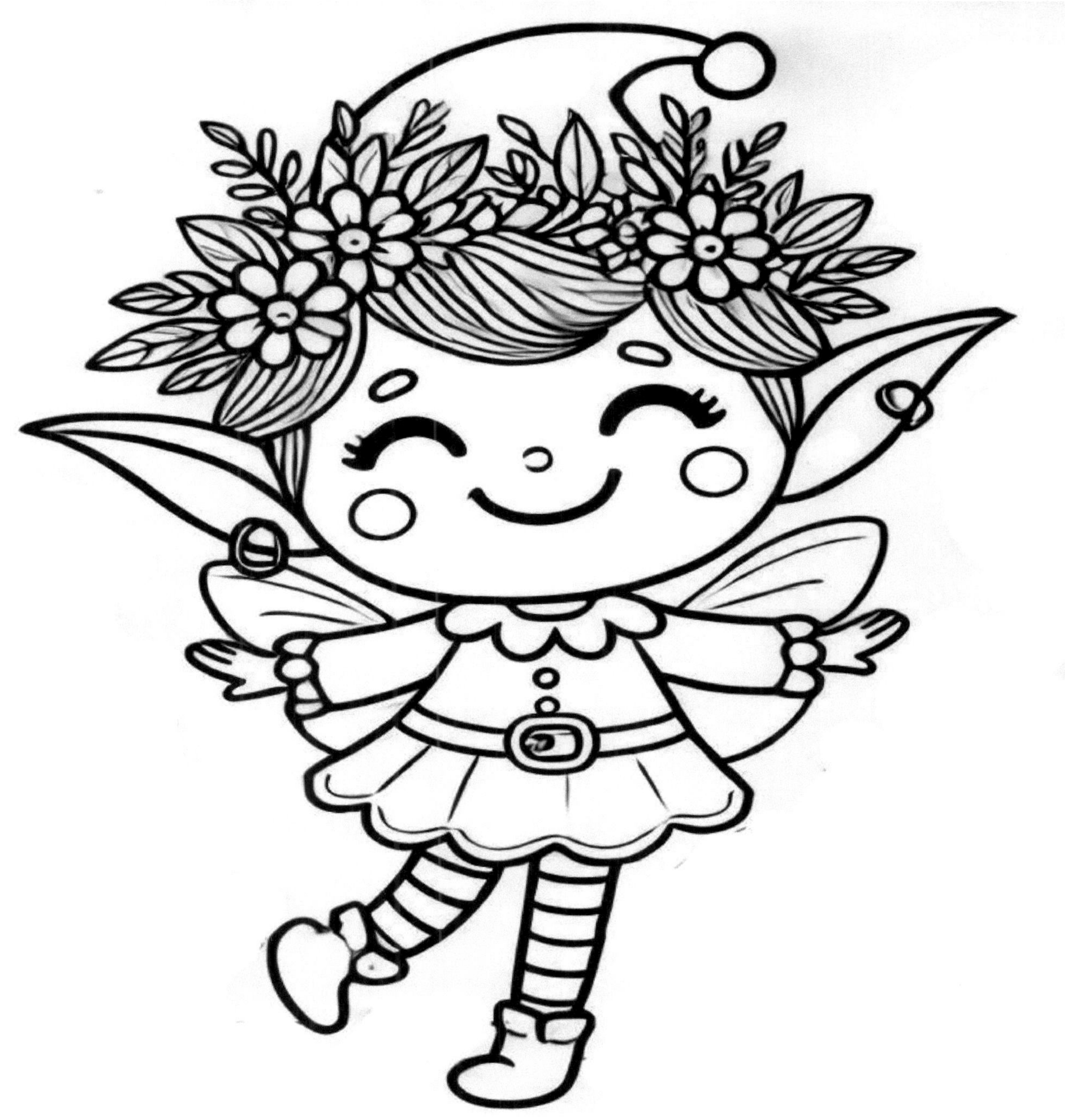

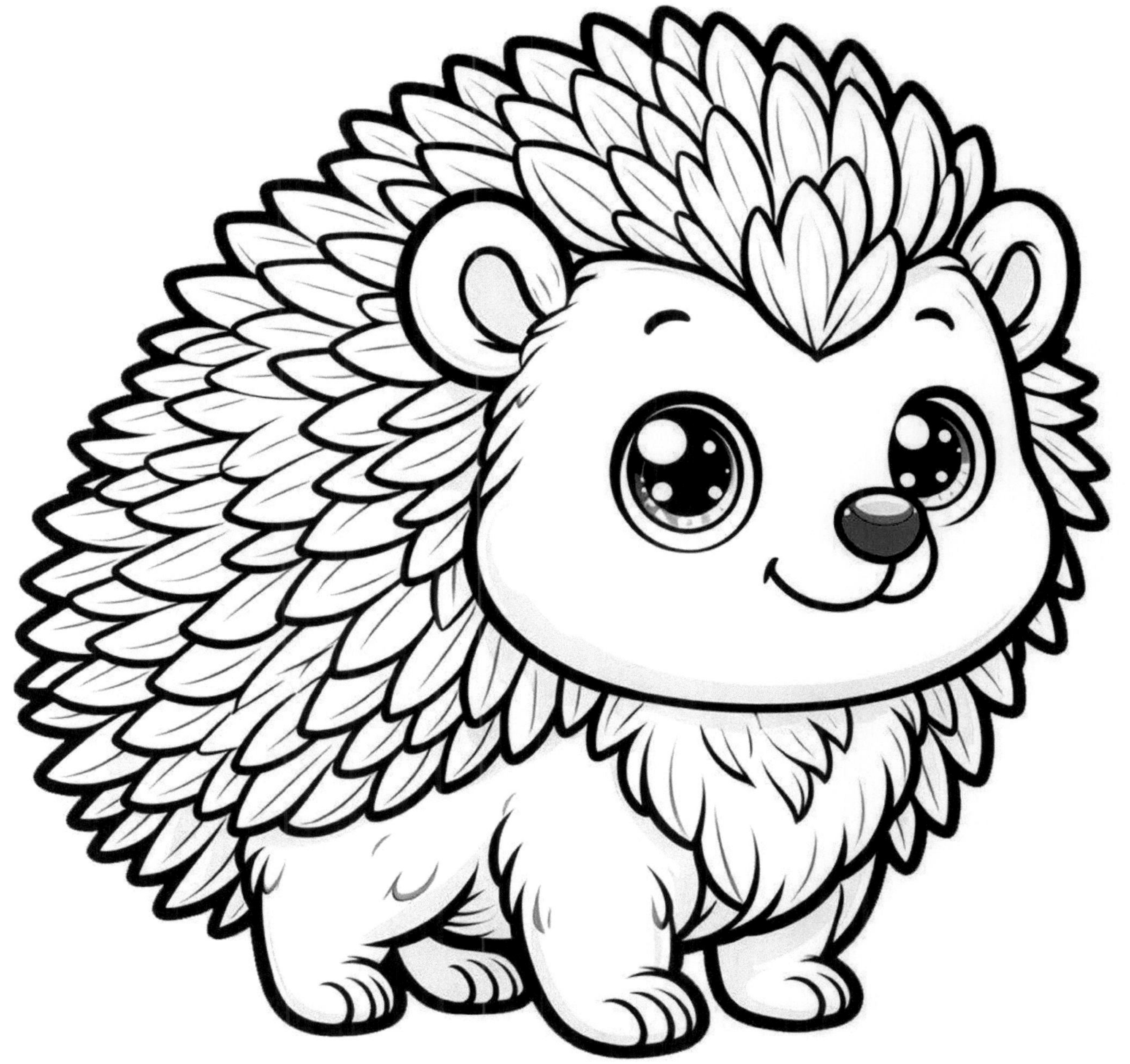

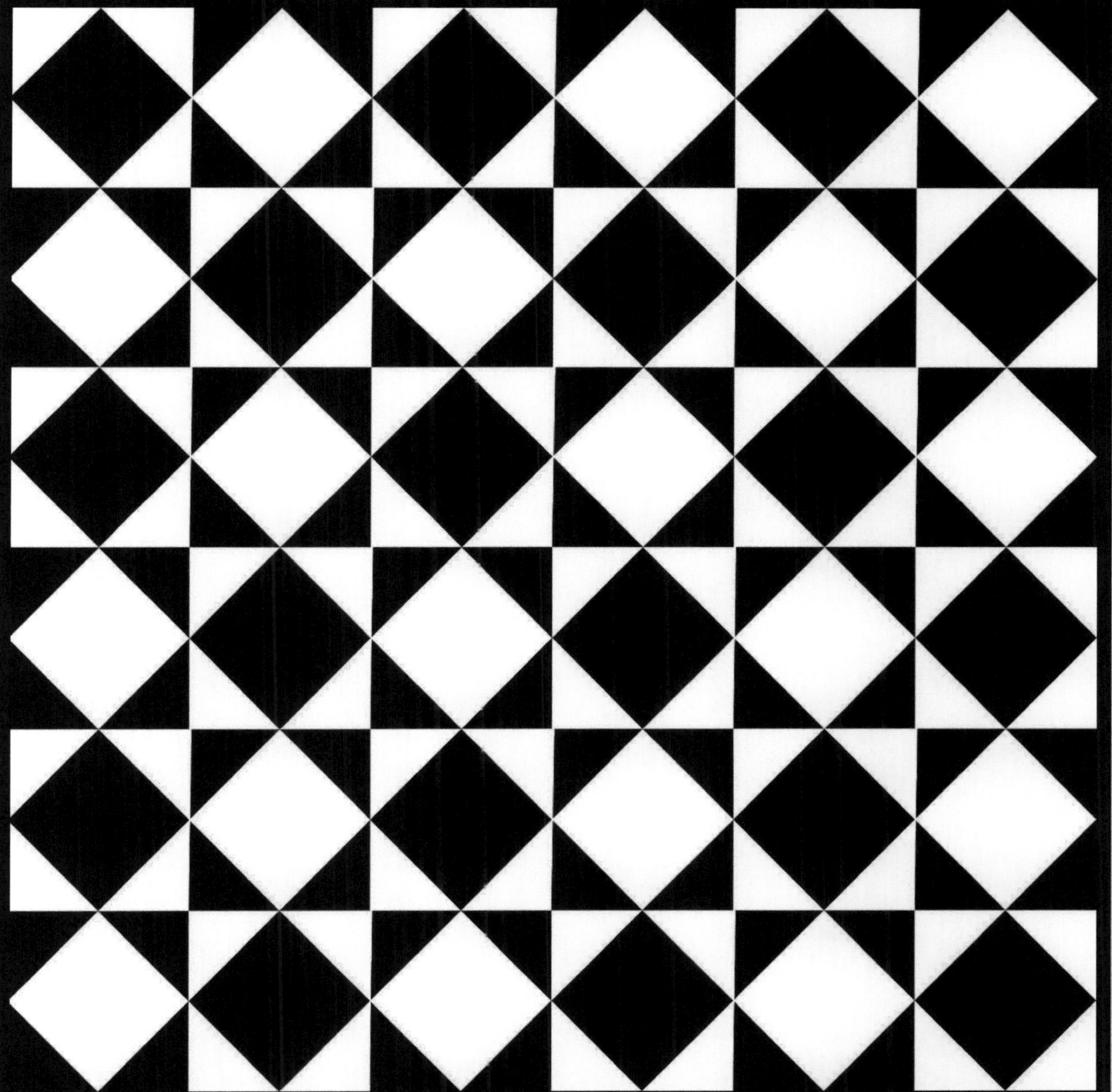

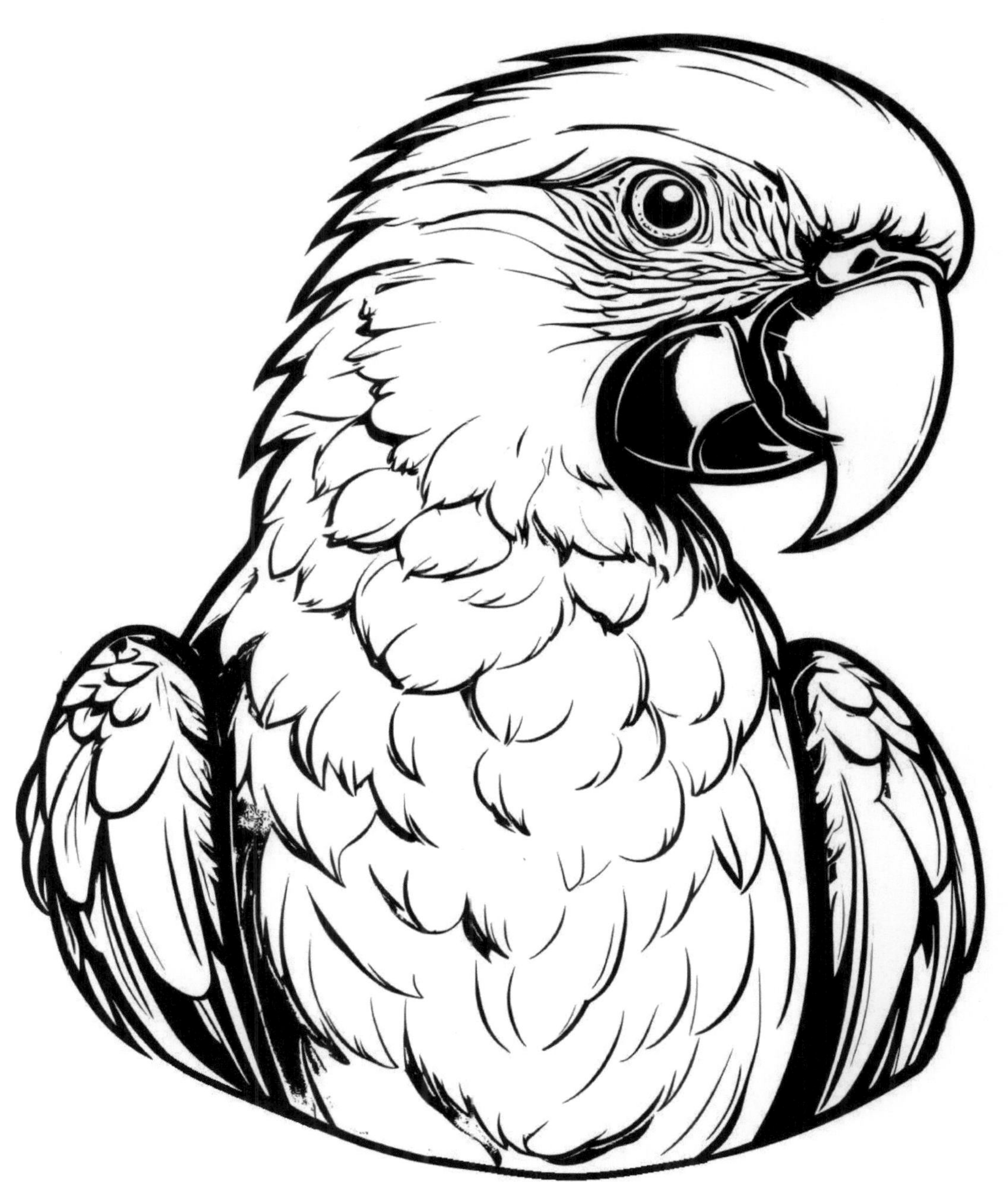

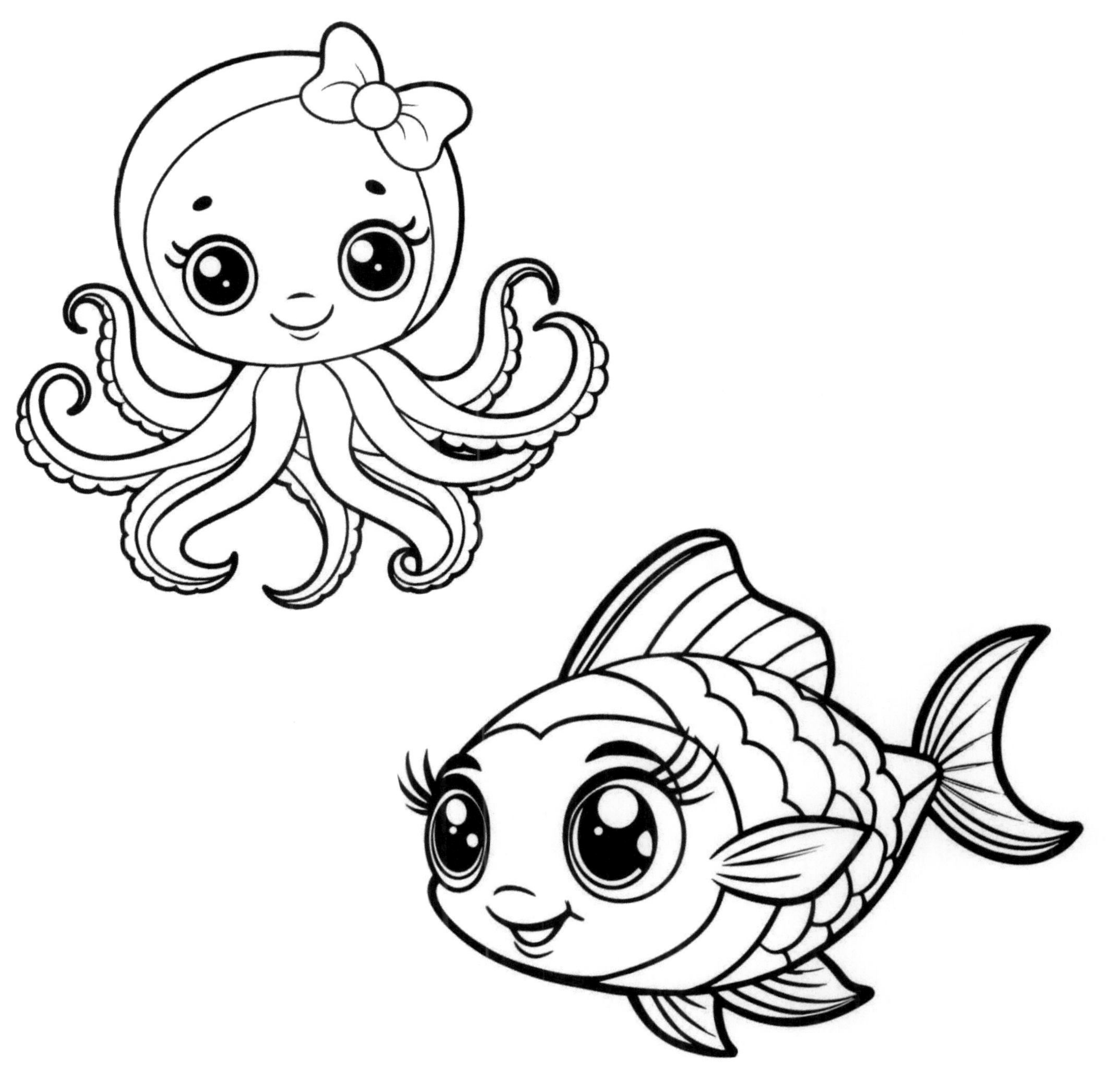

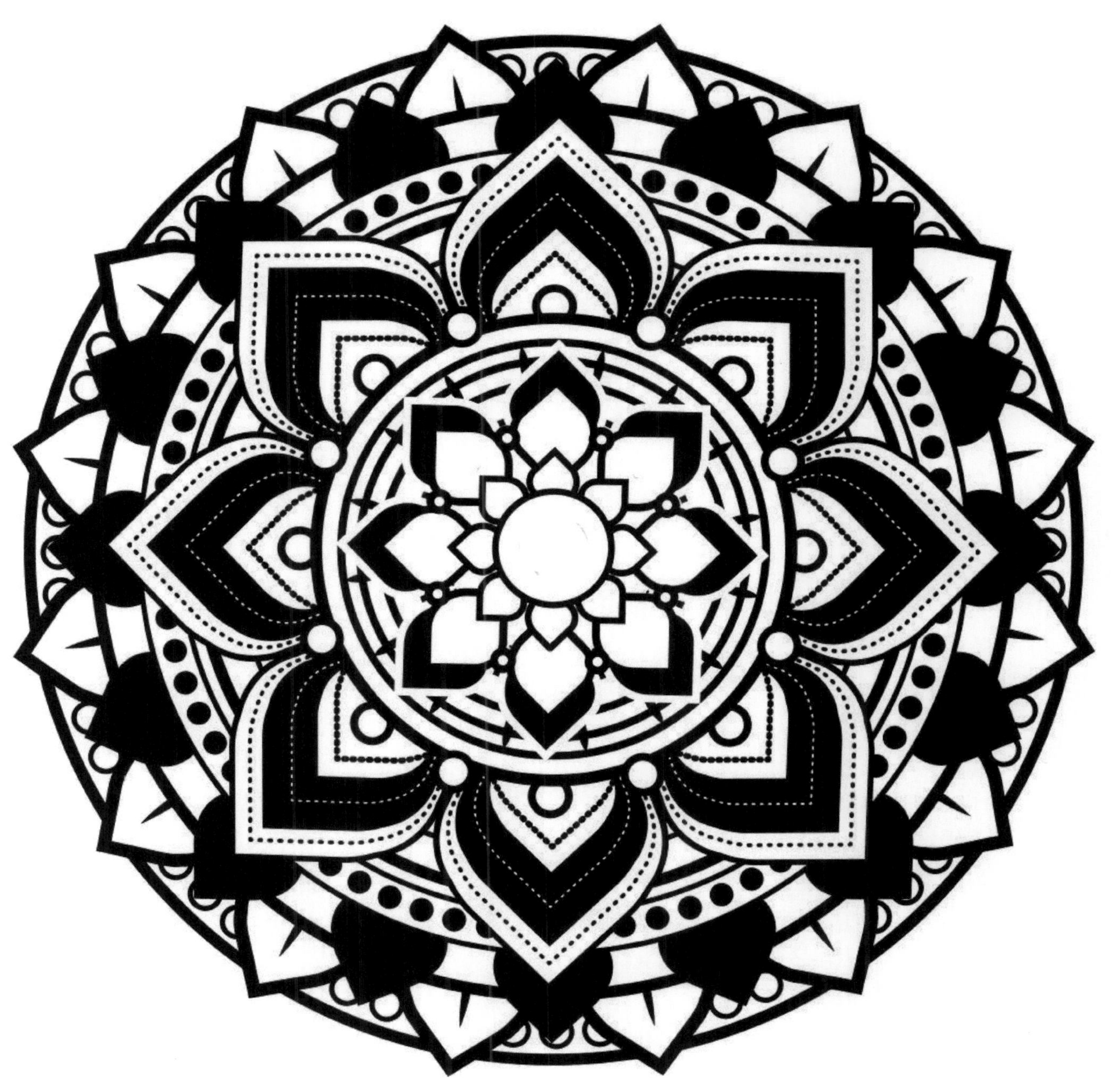

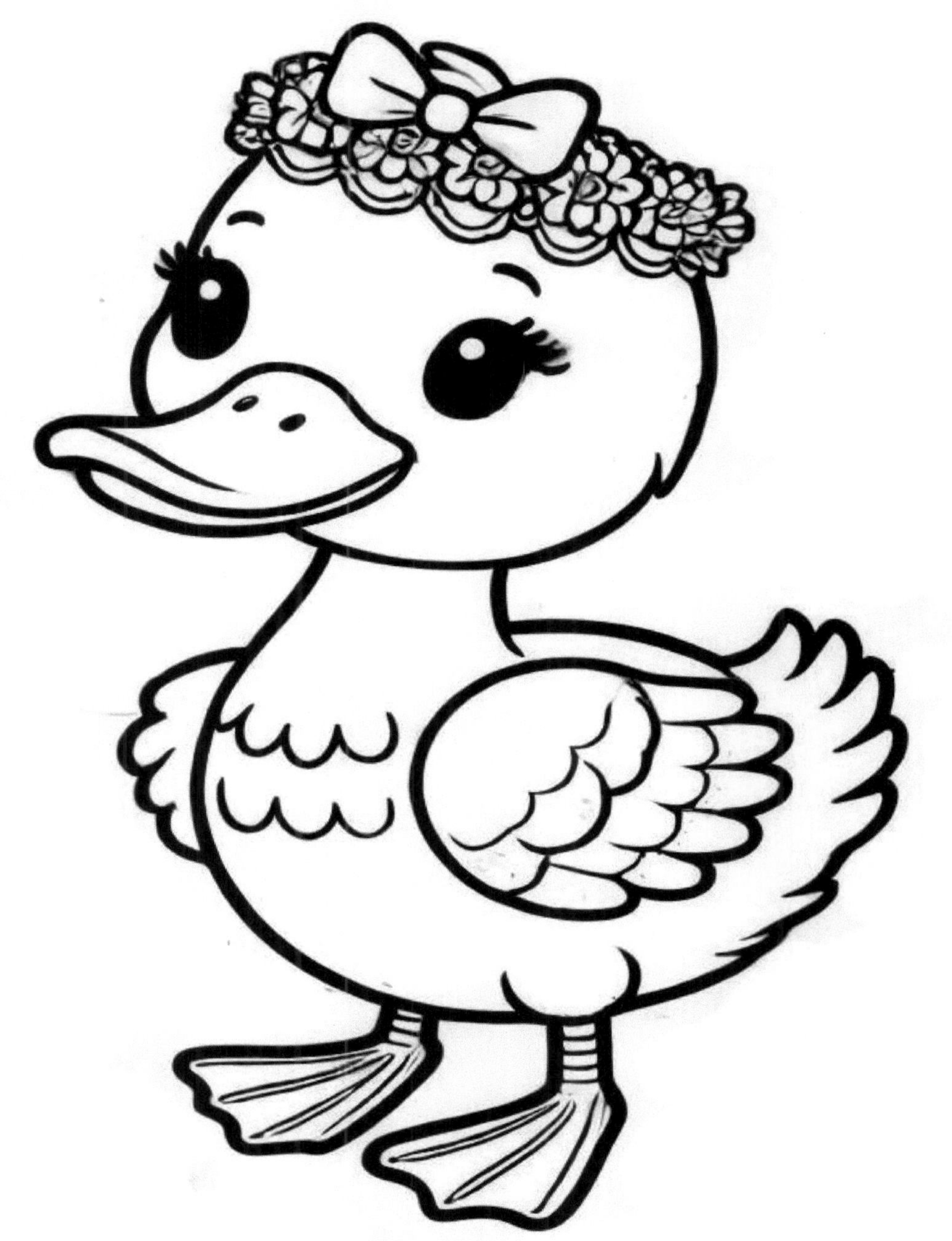

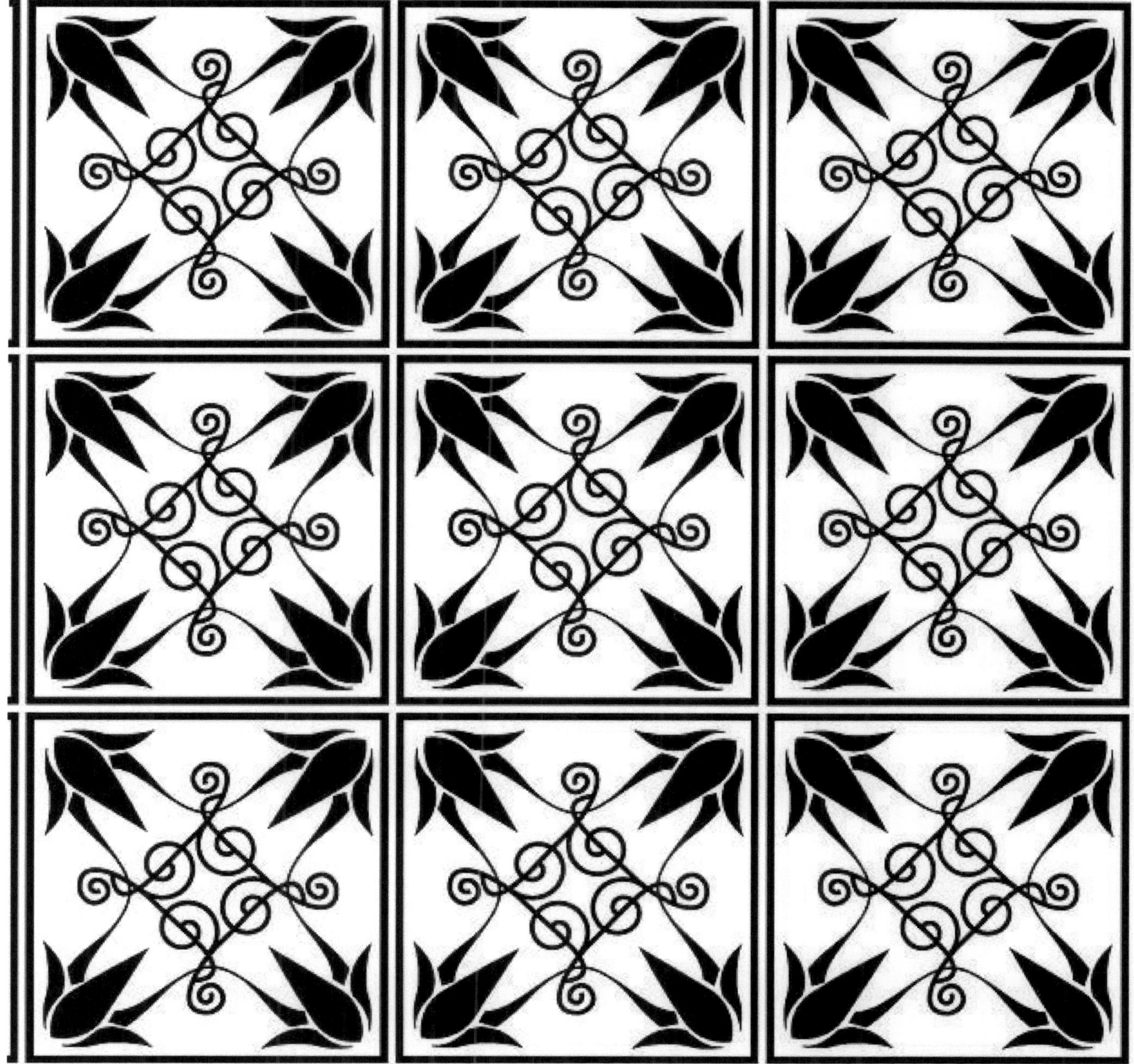

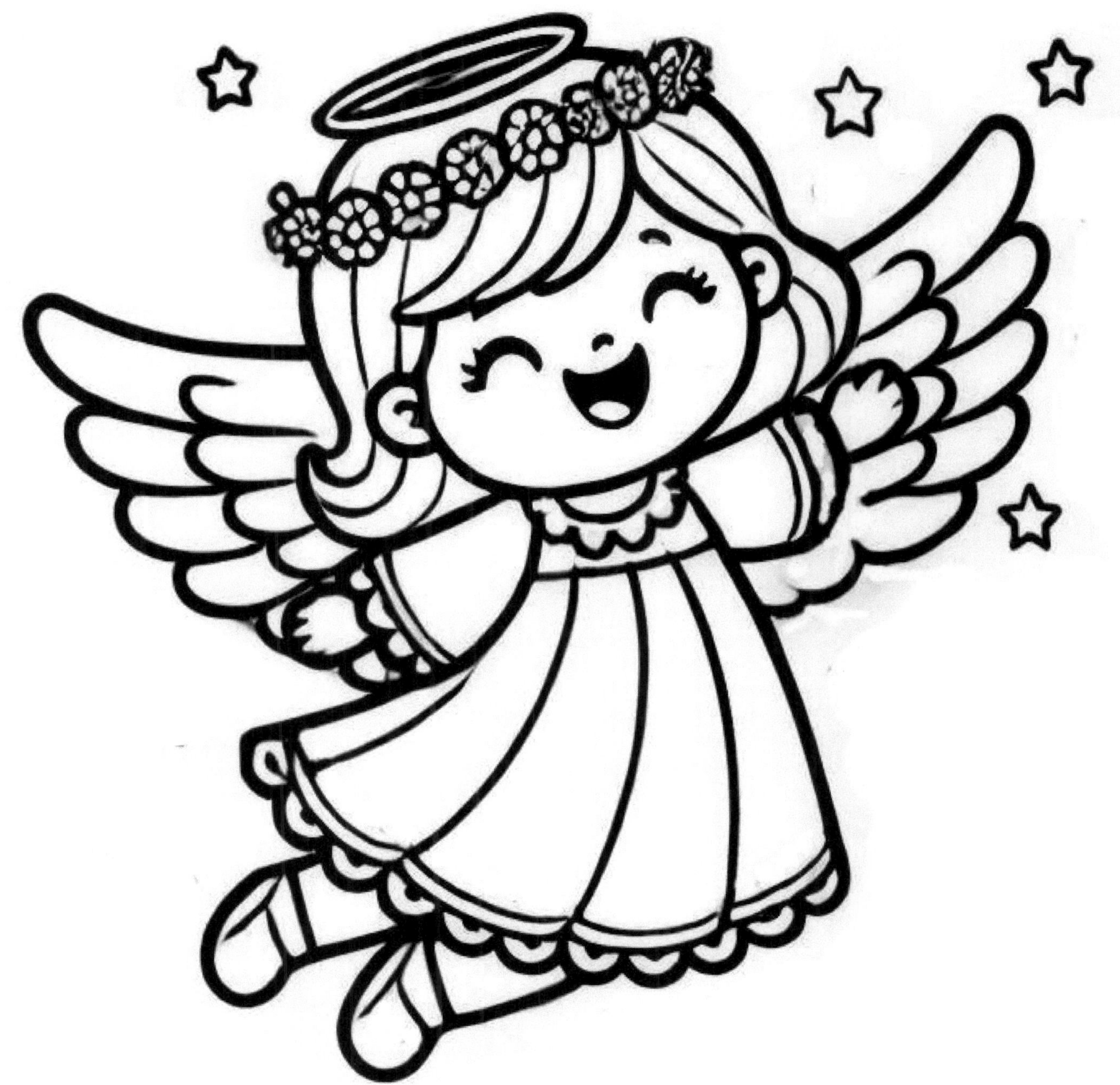

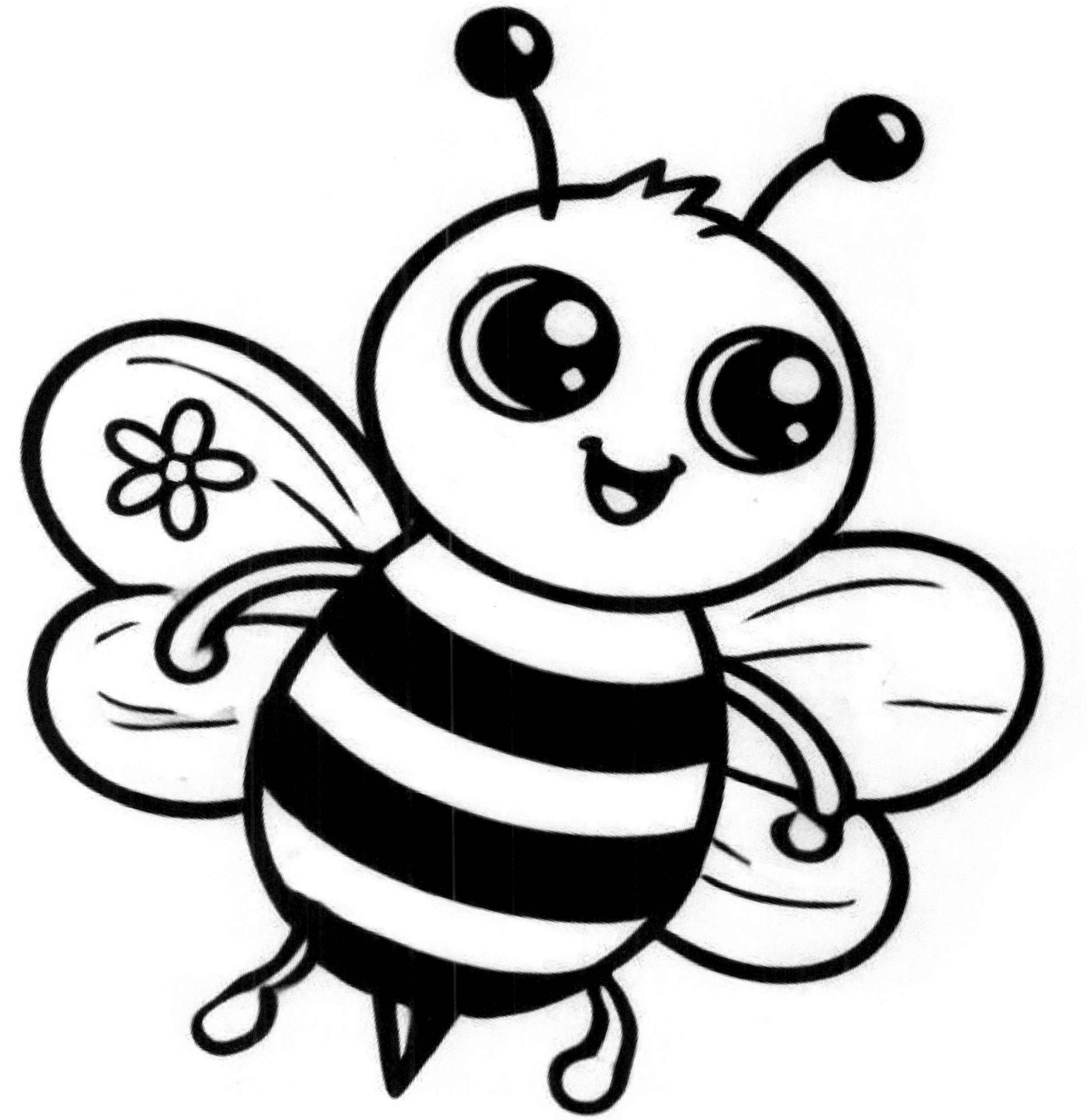

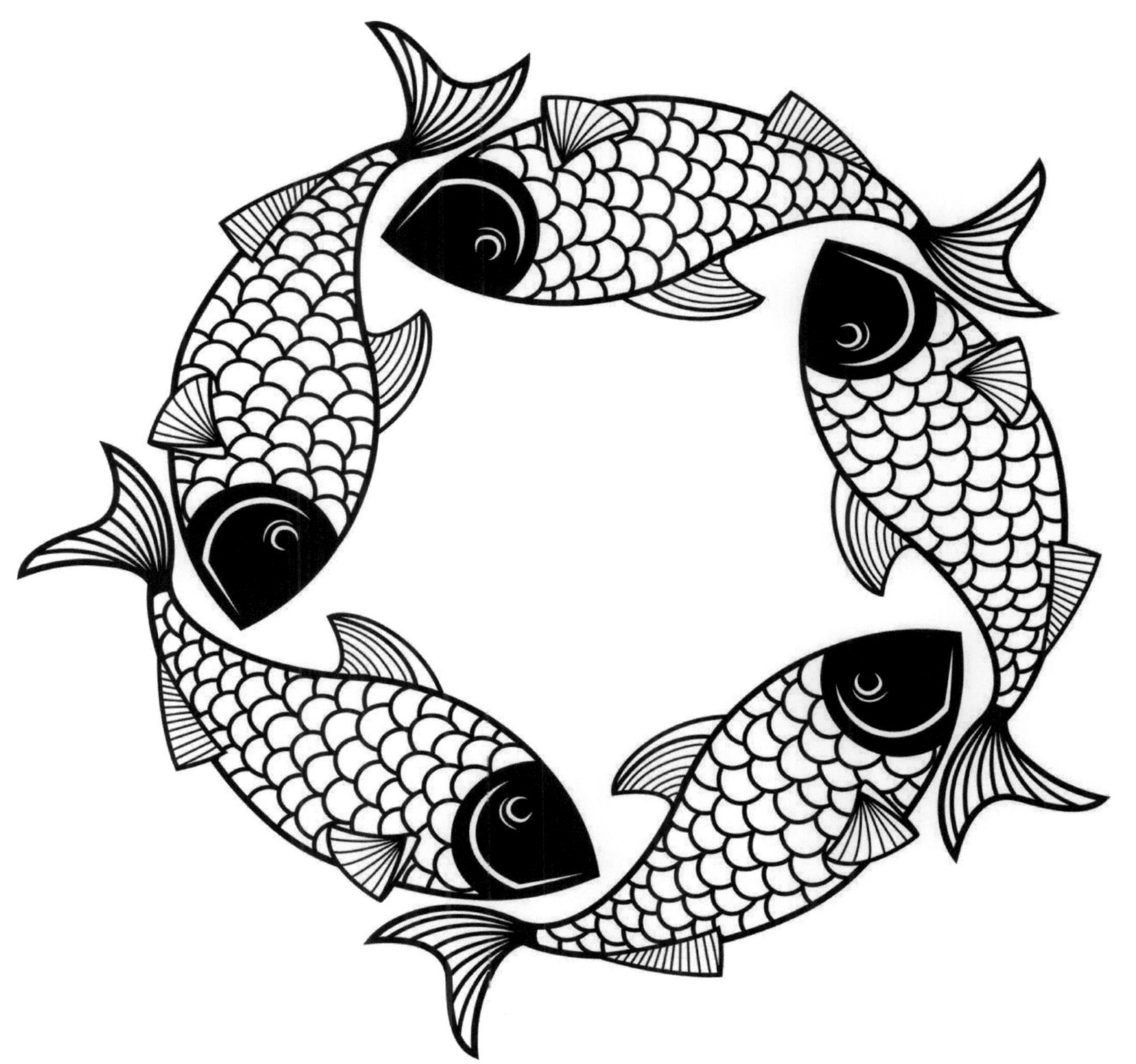

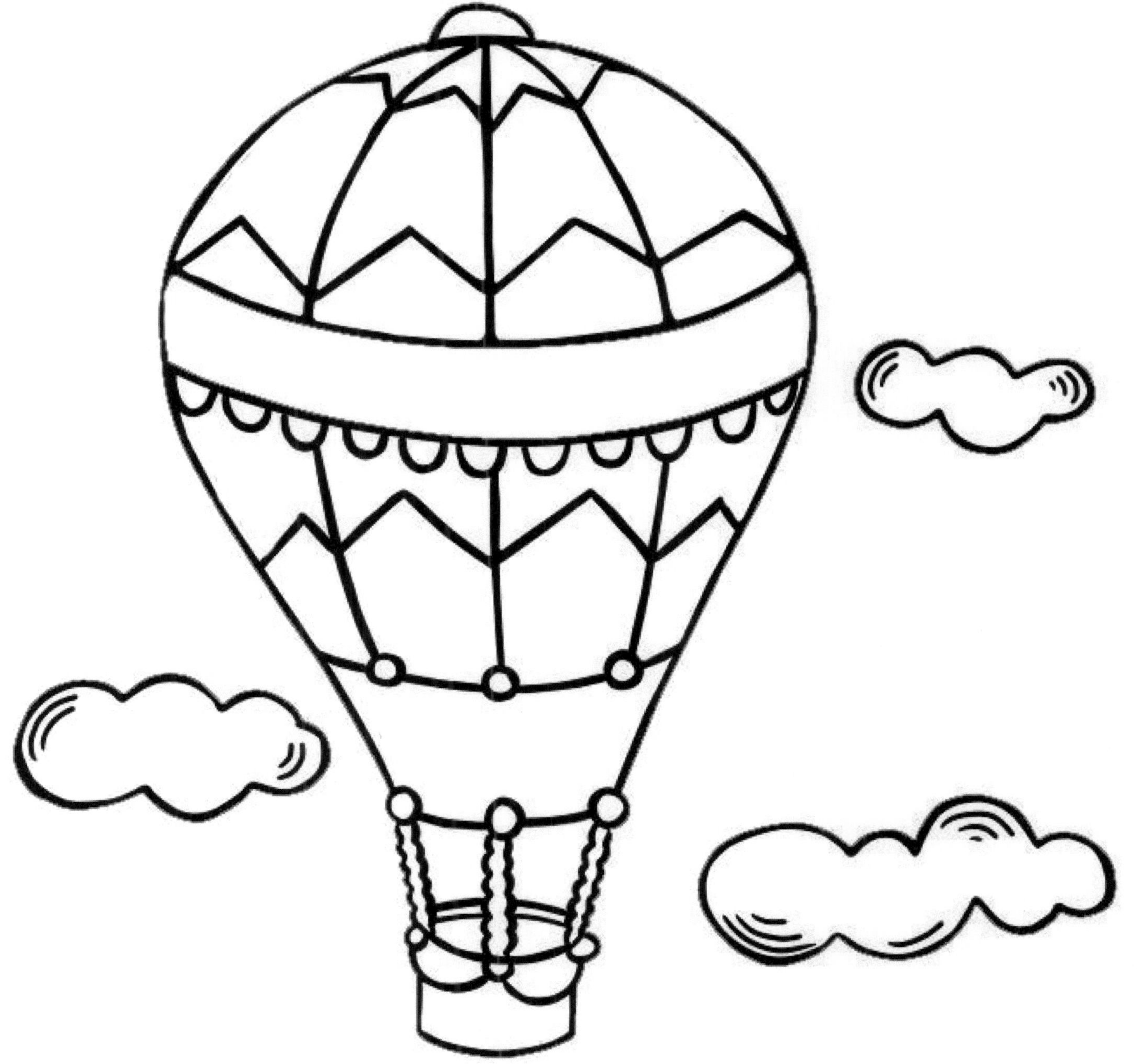

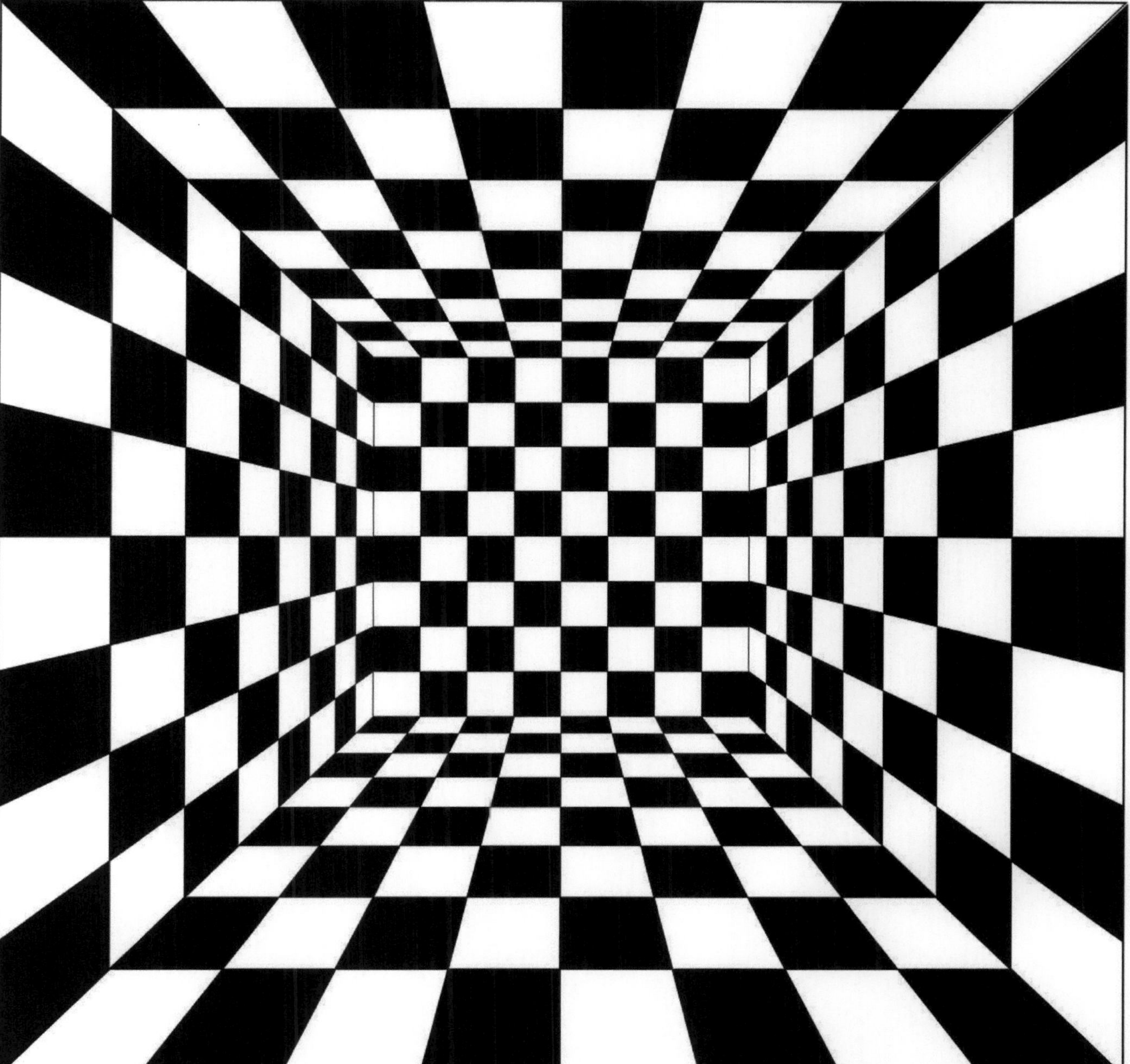

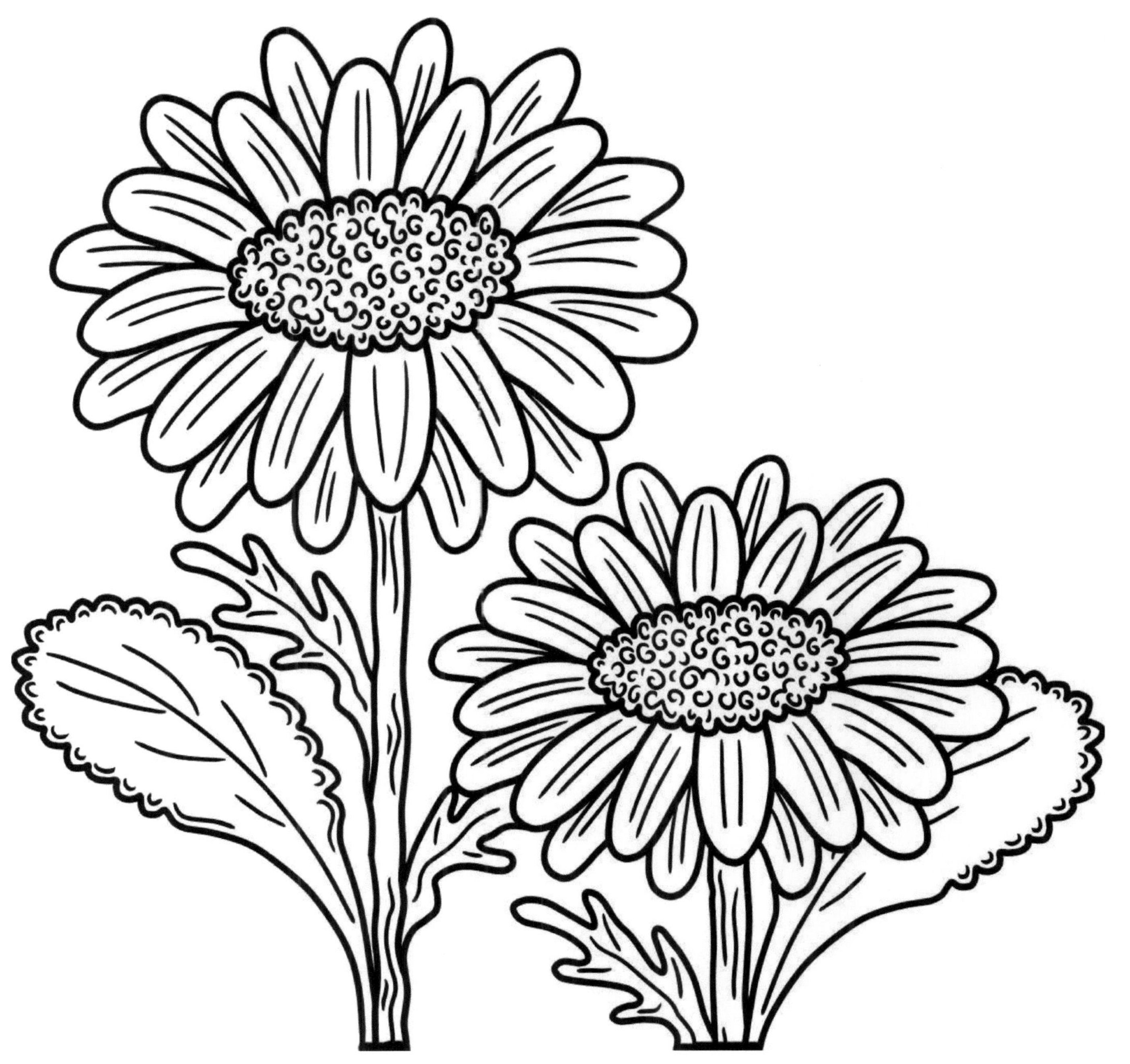

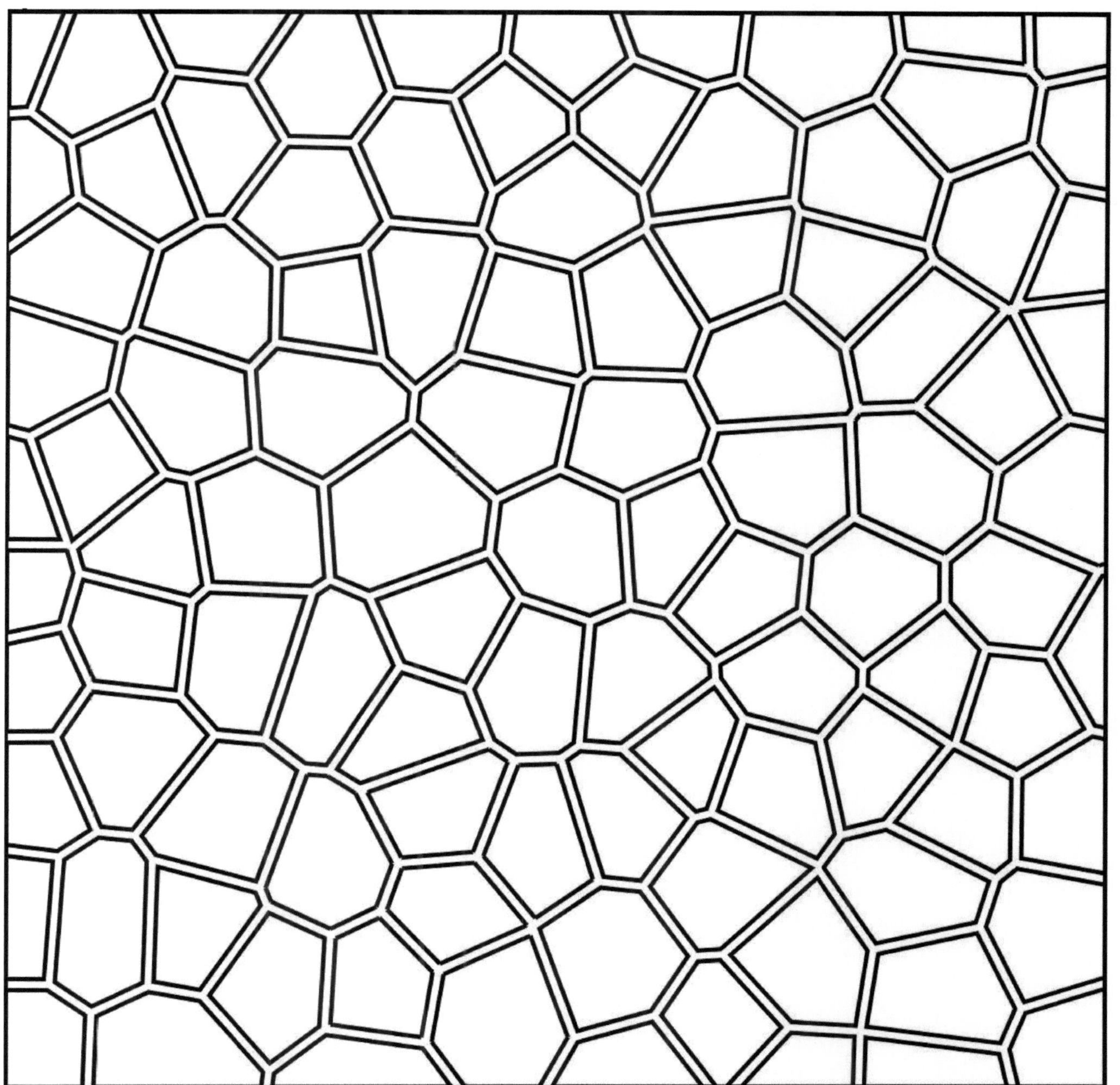

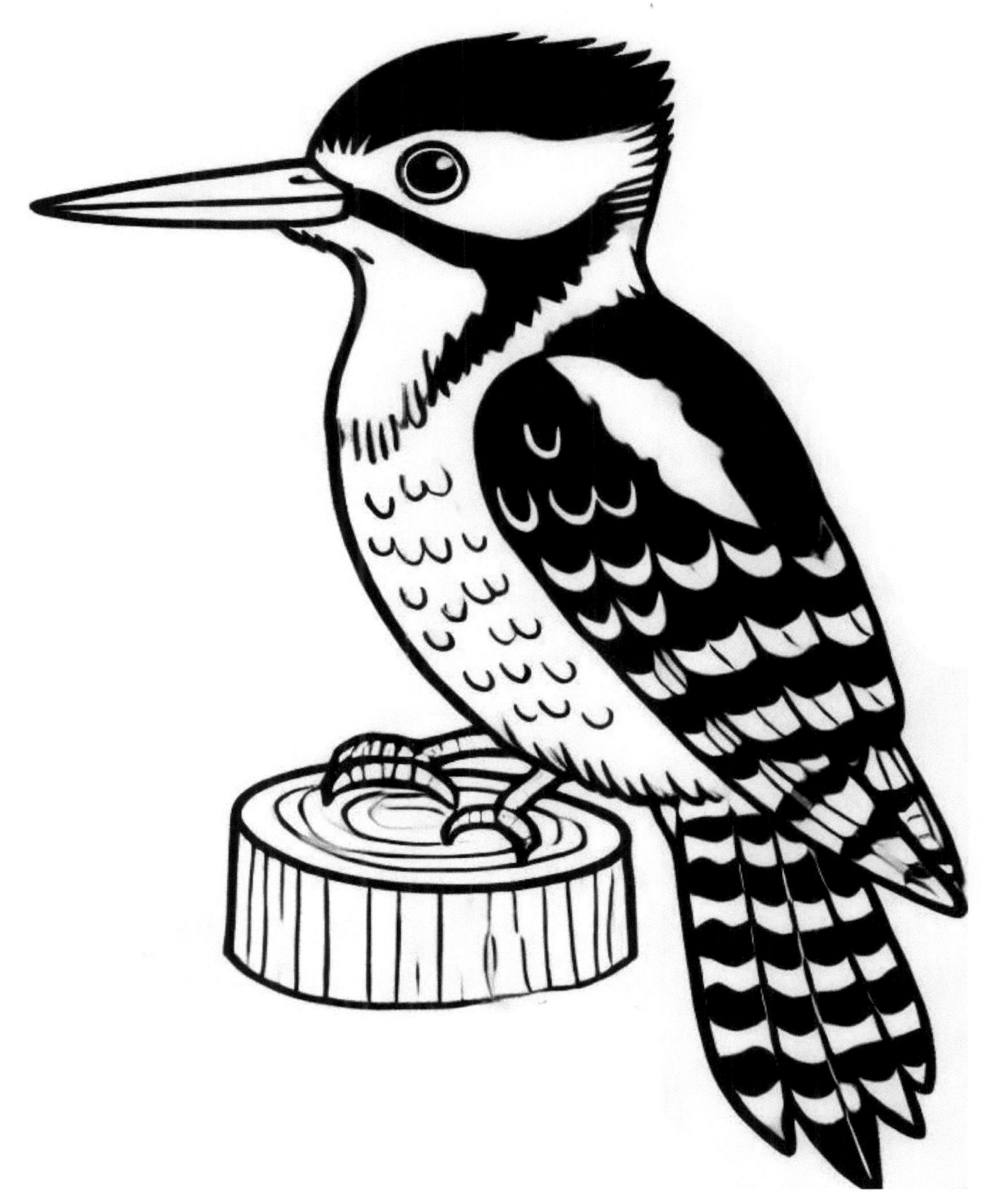

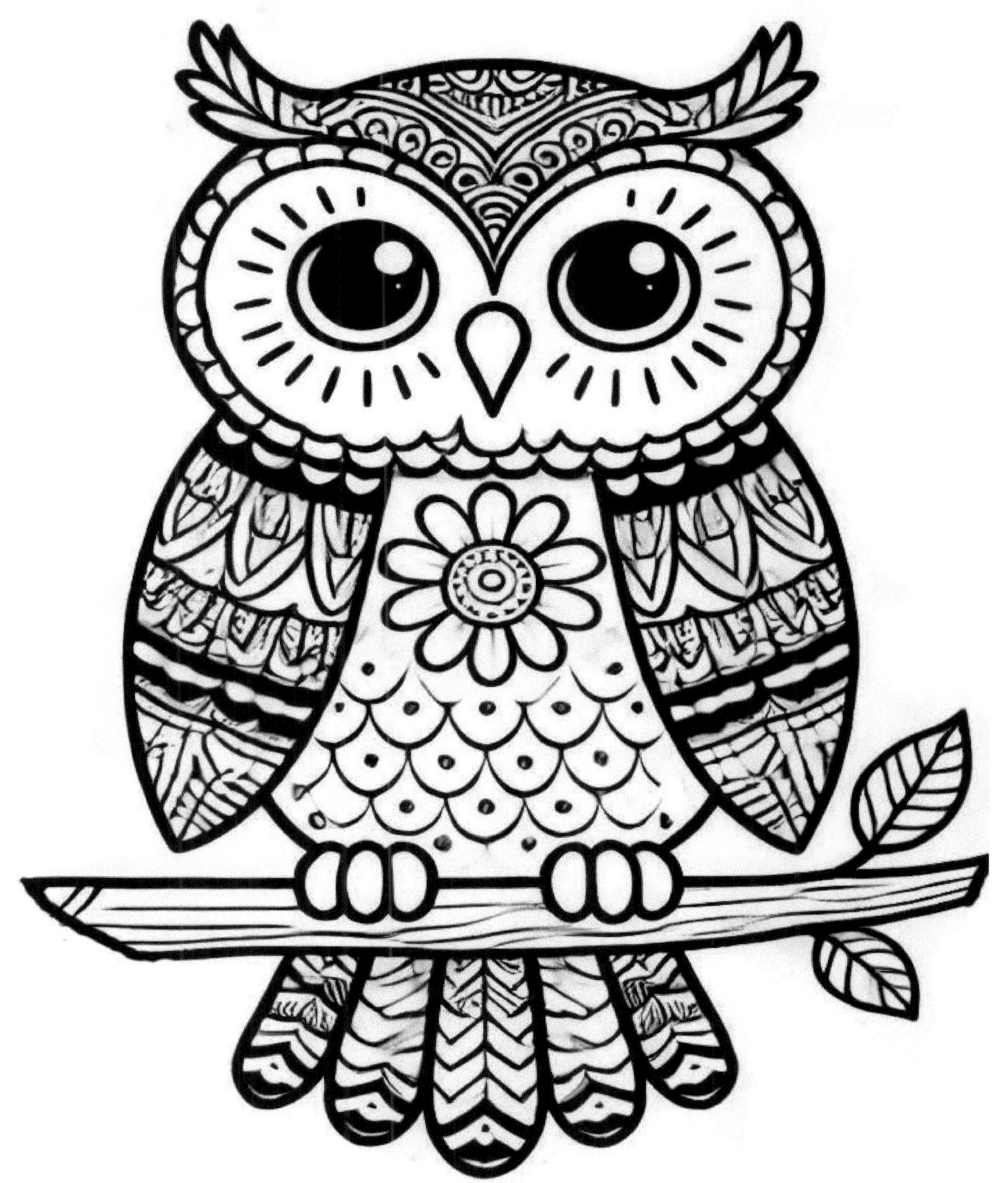

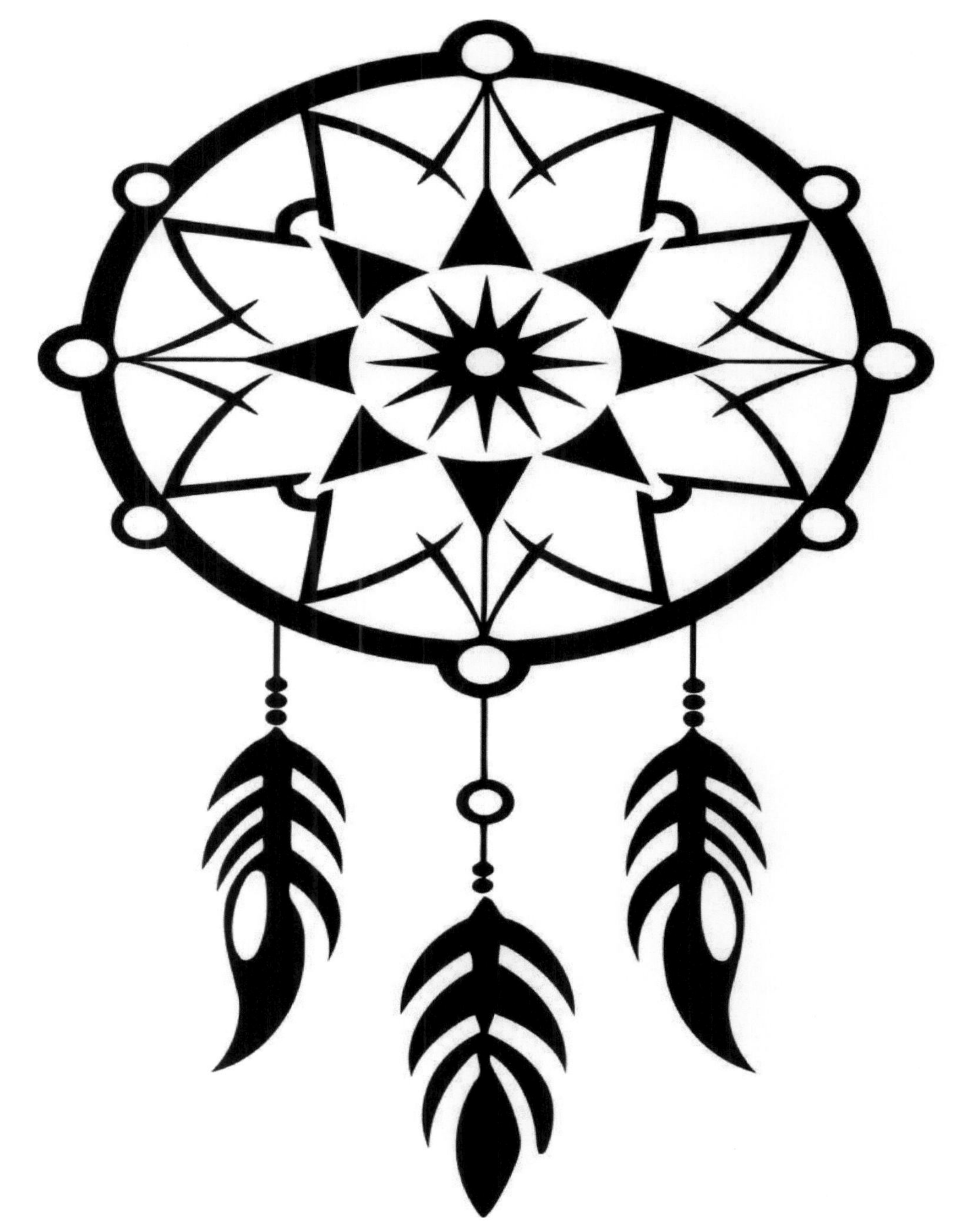

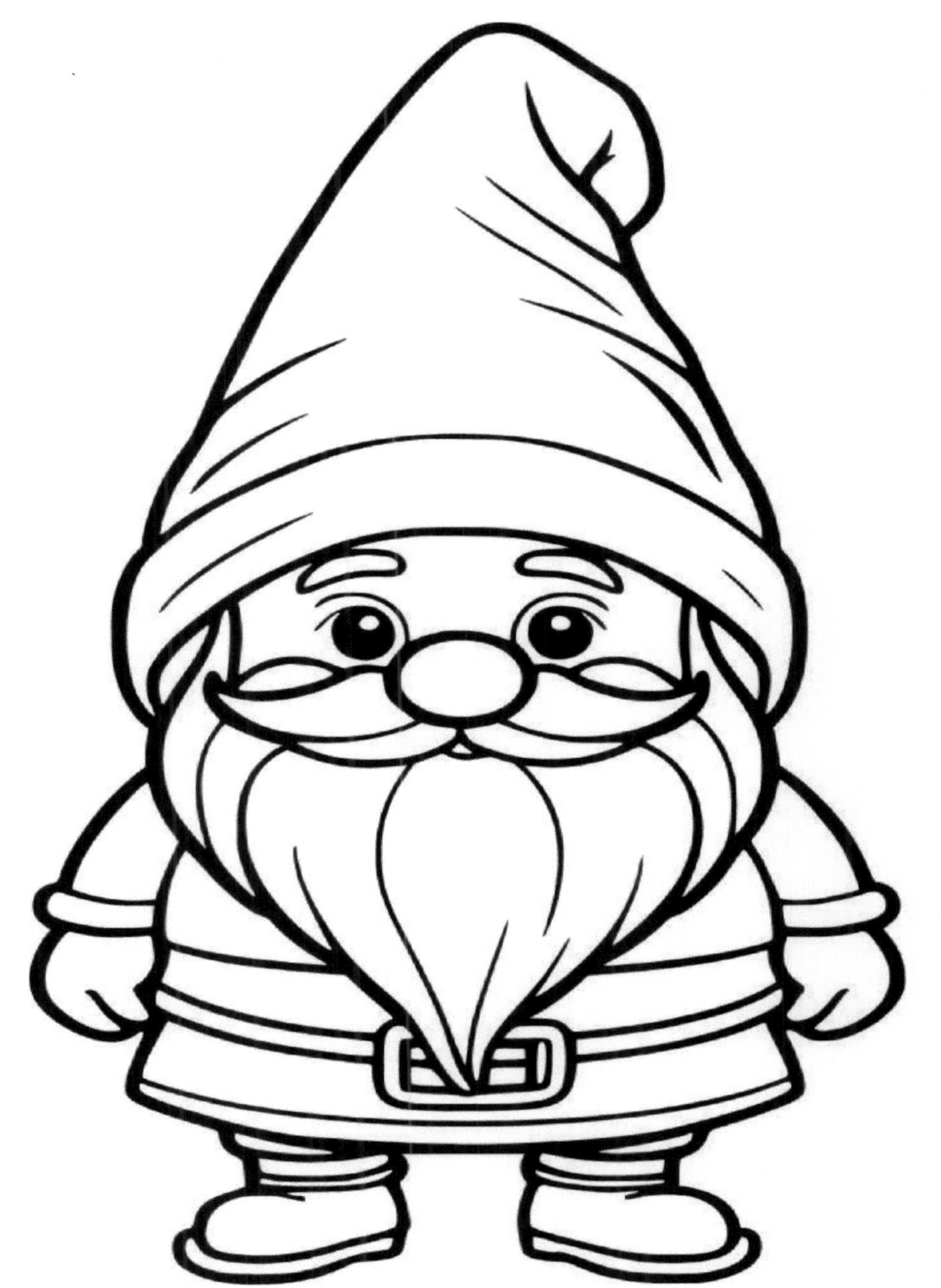

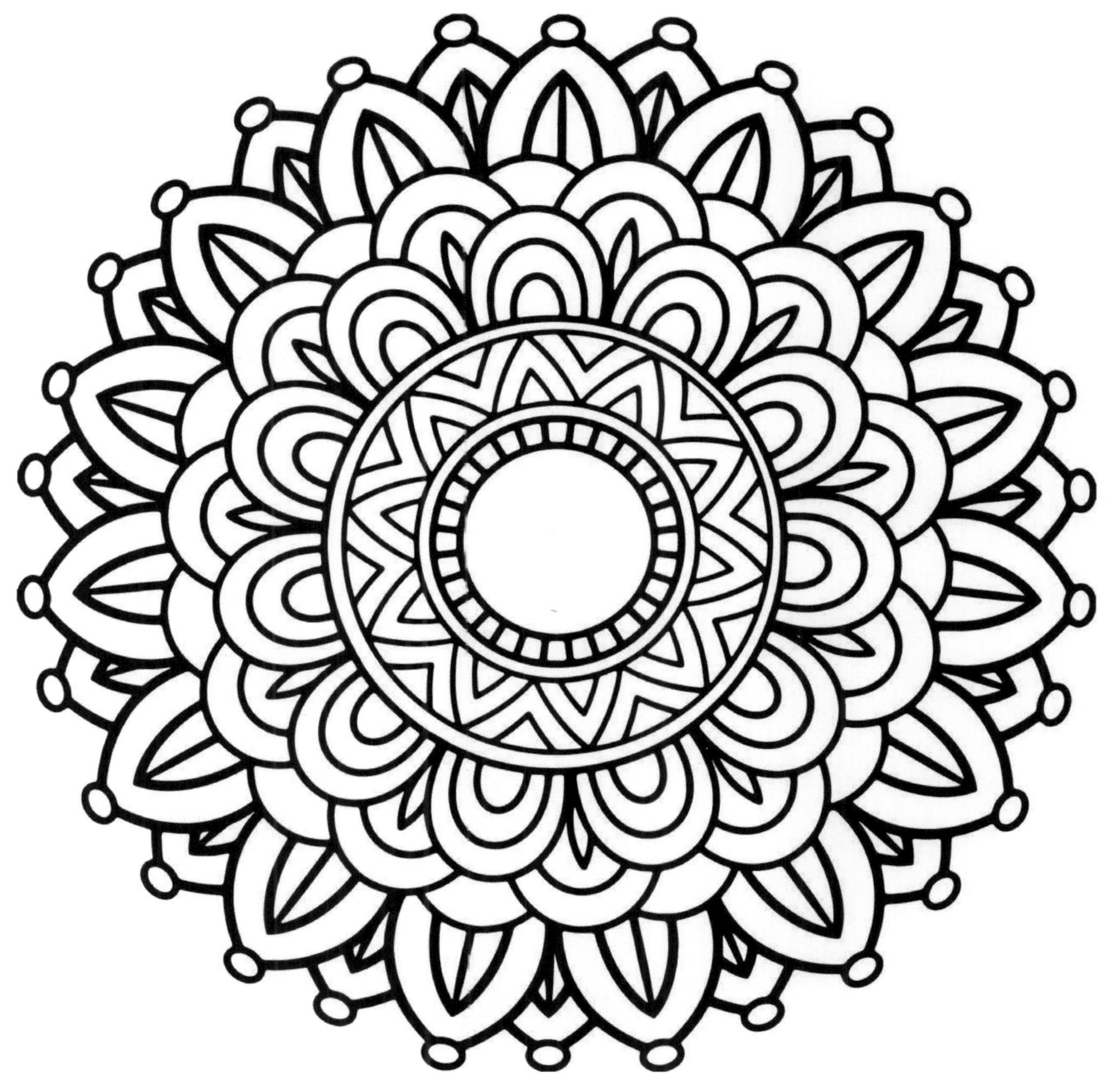

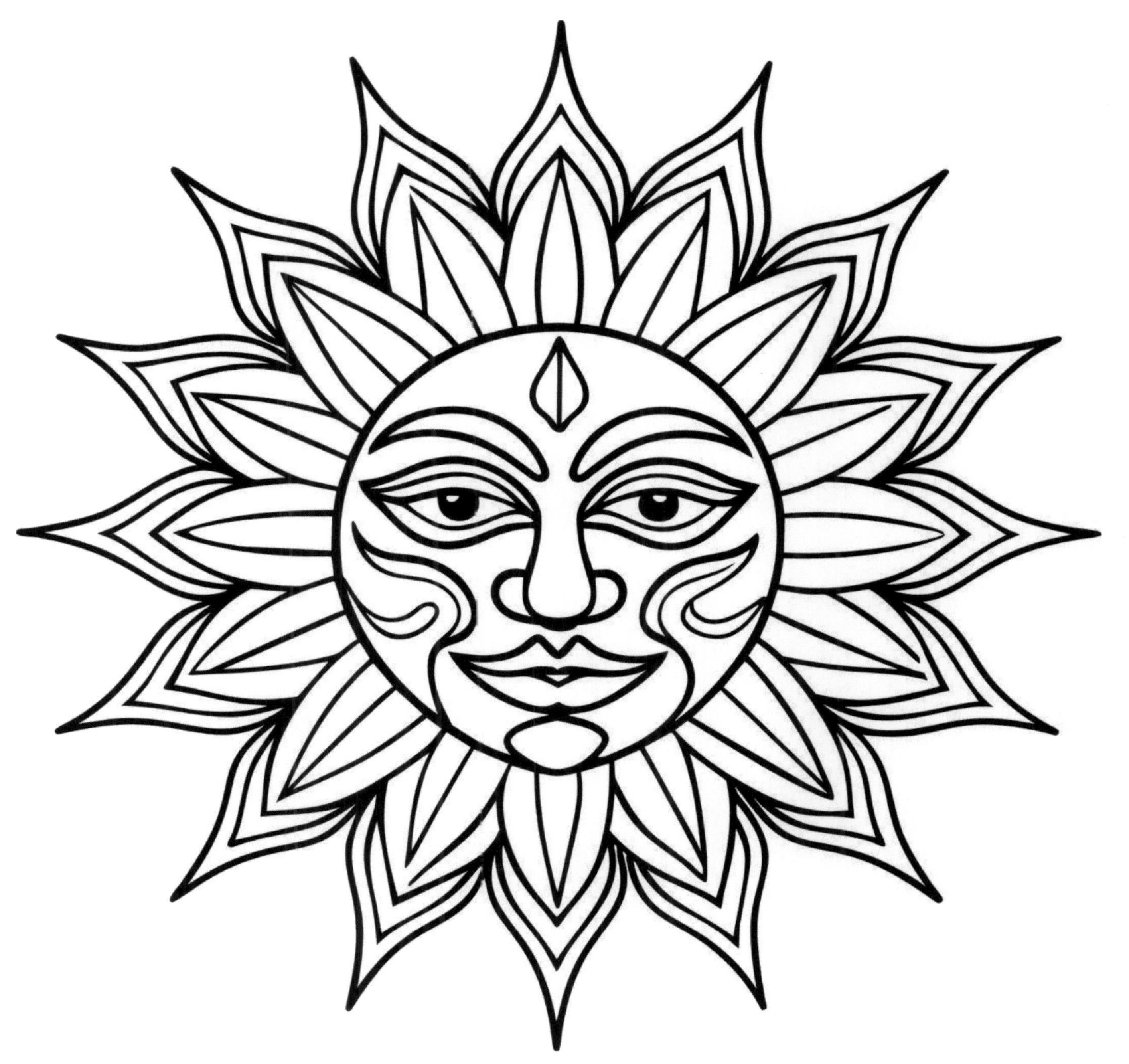

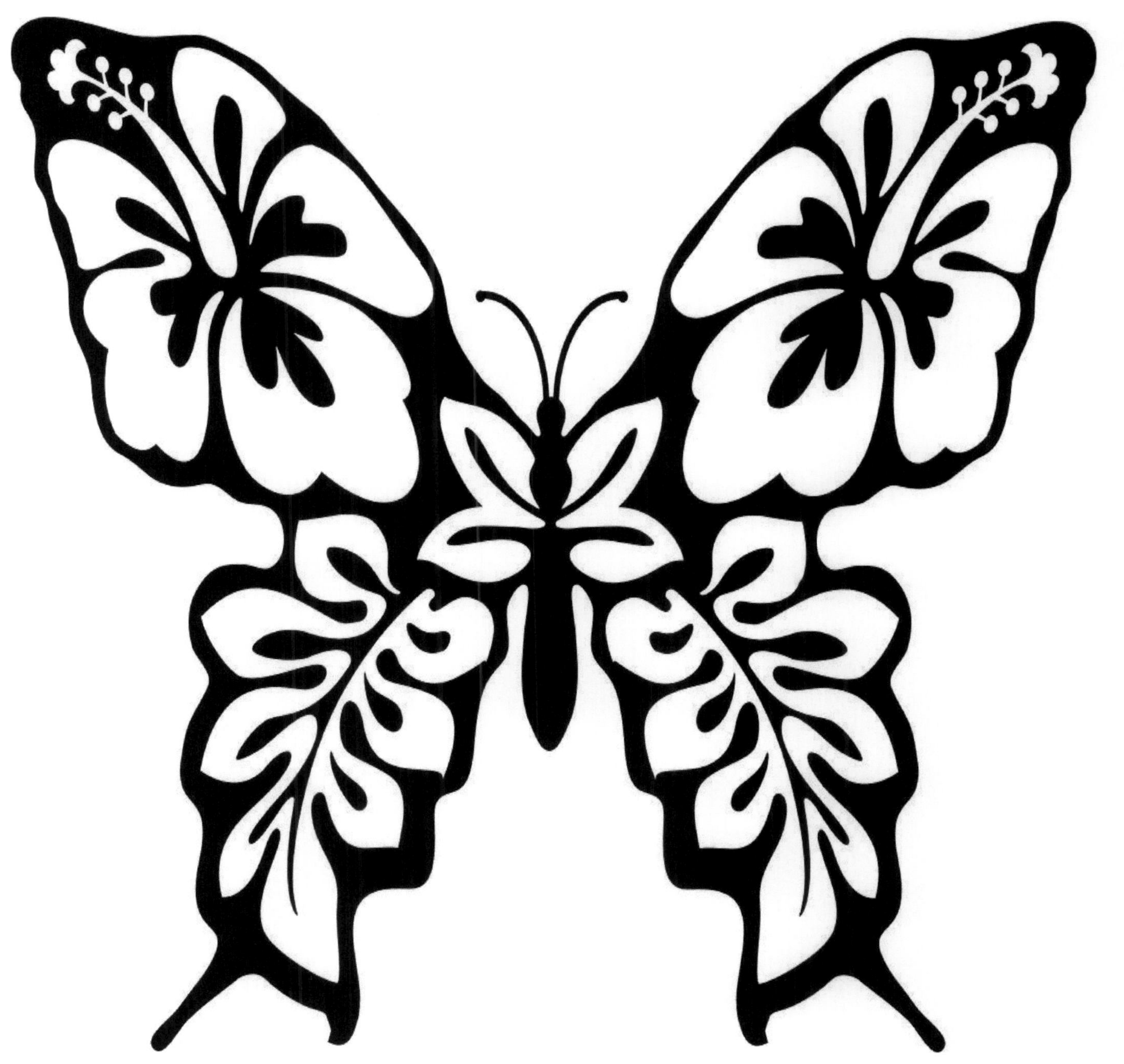

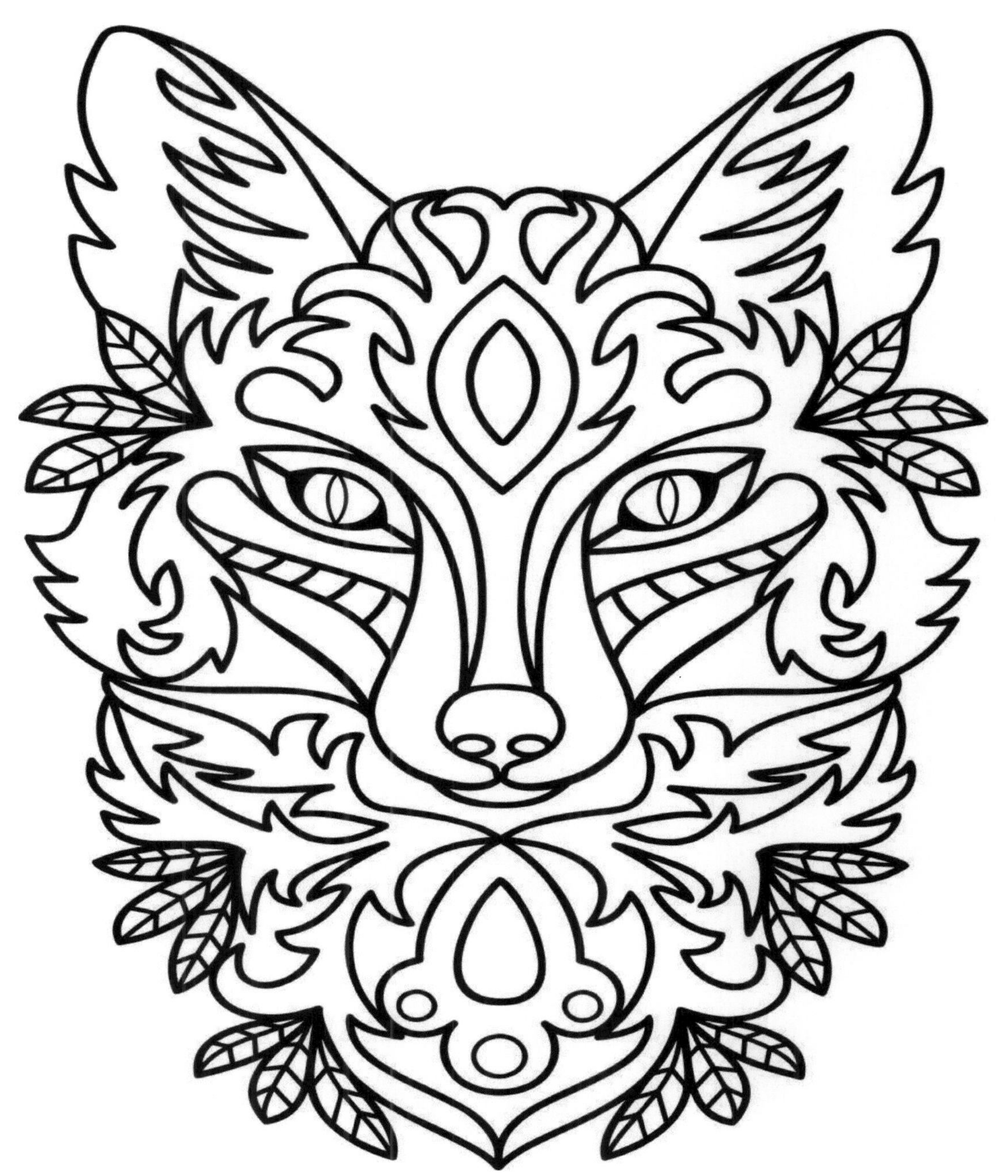

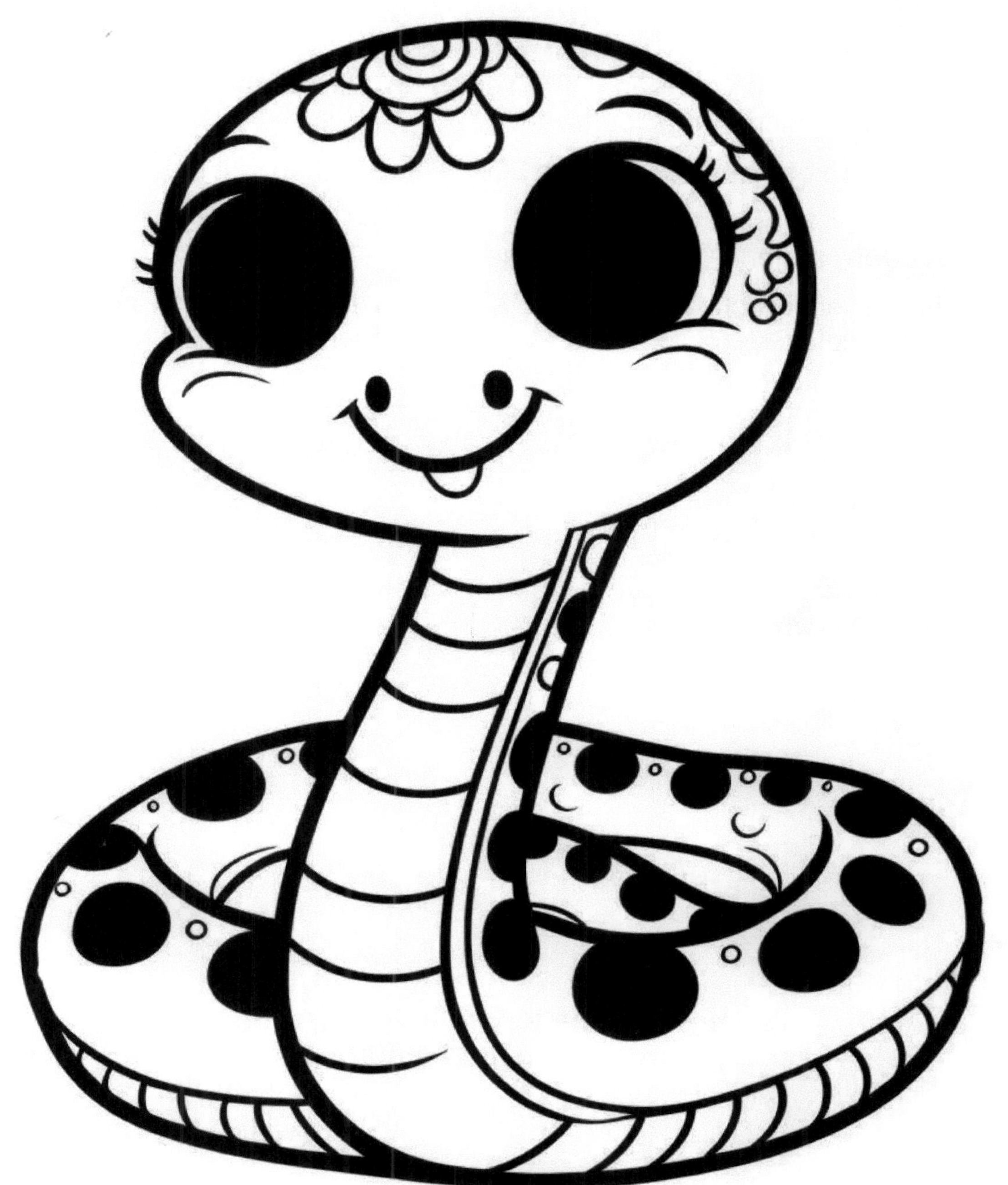

Autorenprofil

Britta Kummer wurde 1970 in Hagen (NRW) geboren. Heute lebt sie im schönen Ennepetal und ist gelernte Versicherungskauffrau.

Die Freude am Schreiben hat sie im Jahre 2007 entdeckt und seit dieser Zeit bestimmt es ihr Leben.

Sie schreibt Kinder-, Jugend- und Kochbücher.

Zusätzlich gibt es ein Buch zum Thema MS. Dies ist aber kein Fachbuch über die Krankheit MS (Multiple Sklerose), sondern die MS-Geschichte der Autorin.

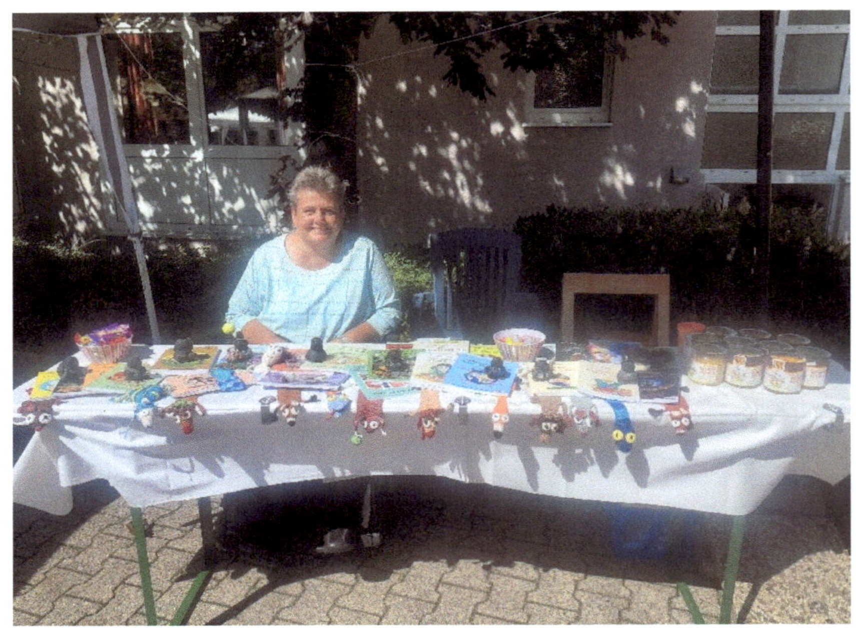

Weitere Informationen finden Sie unter:
http://brittasbuecher.jimdofree.com/

Danke

Der größte Dank geht an meine Eltern, weil sie immer für mich der Fels in der Brandung sind und mir helfen, all meine Höhen und Tiefen zu überwinden.

An meine Freunde, die immer da sind, wenn ich mal eine starke Schulter zum Anlehnen, zum Zuhören, zum Trösten, zum Weinen, aber auch zum Lachen, brauche.

An meine Autorenfreunde
Heidi Dahlsen
http://autorin-heidi-dahlsen.jimdofree.com/

Christine Erdiç
http://christineerdic.jimdofree.com/
https://literatur-reisetipps.blogspot.de/

für ihre kreative Unterstützung, unermüdliche Hilfe
und dass sie mir immer mit Rat und Tat zur Seite stehen.